कैंसर की रात···
आशा की सुबह

डॉ. मीनू वालिया

प्रभात
पेपरबैक्स
www.prabhatbooks.com

प्रकाशक

प्रभात पेपरबैक्स

4/19 आसफ अली रोड, नई दिल्ली–110002

फोन : 23289777 • हेल्पलाइन नं. : 7827007777

इ–मेल : prabhatbooks@gmail.com ❖ वेब ठिकाना : www.prabhatbooks.com

संस्करण

प्रथम, 2020

अनुवाद

नितिन माथुर

अ.मा.पु.स. 978-93-89982-29-9

★

CANCER KI RAAT..., ASHA KI SUBAH
by Dr. Meenu Walia

Published by **PRABHAT PAPERBACKS**
4/19 Asaf Ali Road, New Delhi-110002

ISBN 978-93-89982-29-9

भूमिका

'कैंसर की रात···आशा की सुबह' यह पुस्तक केवल इस भयानक रोग का शिकार बने लोगों के लिए ही नहीं लिखी गई है, बल्कि यह उन सभी के लिए है, जो स्वयं या उनका कोई अपना जीवन के इस दुःखद दौर से गुजर रहा हो।

यह ऐसी चरणबद्ध सहायक पुस्तिका है, जिसके द्वारा आप इस कठिन समय में भी अपने जीवन की लगाम अपने हाथ में लेकर एक विजेता बनकर उभर सकते हैं।

इस घातक यातना को लेखिका डॉ. मीनू वालिया से बेहतर ढंग से और कोई नहीं समझ सकता। कैंसर के विरुद्ध इस लड़ाई के मैदान में उन्हें निकट से देखना अपने आपसे बहुत कुछ कह जाता है। उनके अथक प्रयास, एक चिकित्सक होने के नाते अस्पताल में लंबे समय तक मरीजों को देखना या इसके संबंध में समाज में जागरूकता फैलाना, सप्ताहांत में इससे जुड़े कार्यक्रमों का प्रदर्शन करना, व्याख्यान देना और उस प्रतिशोध पर बात करना, जिसके द्वारा वे इस लड़ाई को एक नए मुकाम तक ले गई हैं।

डॉ. वालिया ने अपनी इस अद्‍भुत पुस्तक में बेहद खूबसूरती के साथ ऐसे सरल, लेकिन प्रभावशाली विचार प्रकट किए हैं, जो किसी के भी जीवन में गुणवत्तापूर्ण सुधार कर सकते हैं। उन्होंने ज्ञान के इन मोतियों को अपने पेशेवर अनुभव के धागे में पिरोने का कार्य बखूबी कर दिखाया है।

इस रोग से पीड़ित किसी भी व्यक्ति के लिए लिखी गई इस बेहद सार्थक व व्यावहारिक पुस्तक लिखने में बतौर कैंसर विशेषज्ञ मिले वर्षों के अनुभव ने उनकी बहुत सहायता की।

पुस्तक पढ़ते समय देखा जा सकता है कि इसमें कैंसर के निदान से लेकर उपचार और उसके बाद के सभी संभावित पहलुओं पर चर्चा की गई है। इसमें निदान के बाद रोगी की संवेदनशीलता, निदान के बाद तुरंत उपचार की आवश्यकता को देखते हुए तनाव से बाहर निकलना, विशेष रूप से चिकित्सकों की स्थायी टीम की देख-रेख में उपचार जारी रखने की आवश्यकता, निश्चित आहार लेना और इस लड़ाई को जारी रखने की मानसिक शक्ति उत्पन्न करना जैसे सभी मुद्दों को स्पर्श किया गया है। वास्तव में, यह पुस्तक अपने अंतहीन प्रश्नों के उत्तर खोजनेवालों के लिए एक छोटी सी गाइड जैसी है।

यह पुस्तक रोगियों के निकट संबंधियों के अलावा उनके दूर के संबंधियों व मित्रों के लिए भी गाइड बुक का काम करेगी। ठीक हो चुके रोगियों द्वारा सुनाई गई अपनी पीड़ा व विजय की कहानियाँ पर्याप्त रूप से प्रेरणाप्रद हैं।

अंत में, इस पुस्तक में पृष्ठों पर उदारता सहित बिखरे प्रेरणादायी उद्धरण पढ़ना बहुत आनंददायक है।

ऐसे बहुत से लोग हैं, जो अपनी लड़ाई स्वयं लड़ते हैं; लेकिन प्रेरणा उन्हीं लोगों से मिलती है, जो दूसरों की लड़ाई को अपनी समझकर लड़ते हैं। धन्य हैं वे, जो दिन में लड़ाई के बाद रात में केवल इसलिए उपचार करते हैं कि अपनी लड़ाई जारी रख सकें।

—मनीषा कोइराला

मुंबई

बॉलीवुड अभिनेत्री और कैंसर विजेता

आभारोक्ति

'धन्यवाद' भले ही केवल एक शब्द है, लेकिन इसका आशय कहीं अधिक व्यापक है। मैं अपने शब्दों को जुटाकर उस ईश्वर को धन्यवाद देती हूँ, क्योंकि आज मेरे पास जो कुछ भी है या इससे पहले मैंने जो कुछ भी प्राप्त किया है, वो उन्हीं का आशीर्वाद है।

मैं श्री गंगा कुमार की बहुत आभारी हूँ, जिन्होंने इस पुस्तक का विचार प्रदान करने के अलावा मुझे वह वेग भी दिया, जिससे मैं अपने अनुभवों को शब्दों में व्यक्त करने का निर्णय ले सकी।

मेरे लिए परिवार हमेशा से ही प्रेरणा का स्रोत रहा है। मेरे पति हरमिंदर ने न केवल मुझे प्रेरित किया, बल्कि पुस्तक समीक्षा के दौरान बिना किसी शिकायत के शांत श्रोता बनकर इसे परखने में सहायता भी की है। मैं विशेष रूप से अपने पुत्र प्रणीत को उसके मासूम सुझावों (और मुझे परेशान न करने) के लिए धन्यवाद देती हूँ। यहाँ मैं अपने पिता श्री जी.एस. वालिया का विशेष रूप से उल्लेख करना चाहूँगी, जिन्होंने मेरी क्षमता पर अटल विश्वास रखा।

डॉ. अबरार और श्री संजय को उनके महत्त्वपूर्ण समय व सलाह के लिए अनेकानेक धन्यवाद। इनकी सहायता व समर्थन के बिना इस पुस्तक का लिखा जाना संभव नहीं होता।

"आप तब तक यह नहीं जानते कि आप कितने मजबूत हैं··· जब तक मजबूत होना ही आपके लिए एकमात्र विकल्प होता है।"

—कायला मिल्स

मैं अपने उन सभी रोगियों की ऋणी हूँ, जो कई मायने में उद्धारणीय रहे हैं। उनकी सरल ज्ञानपूर्ण बातें मुझे बहुत कुछ सिखा गई और मेरे द्वारा इस पुस्तक में प्रयोग की गईं।

मेरी बात

व्यक्ति उस दिन व पल को कभी नहीं भूल पाता, जब उसे पहली बार स्वयं को कैंसर होने का पता चलता है। यह लगभग सभी के लिए जीवन-परिवर्तित करनेवाला अनुभव होता है। इस पुस्तक की रचना ऐसी गाइड के तौर पर की गई है, जो आपको न केवल पुनः जीवंत हो उठने में बल्कि पहले की ही तरह अपने पैरों पर खड़े होने में सहायक हो। मैंने इसका निदान होने पर बहुत से लोगों को रोते देखा है। वहीं मैंने उपचार के बाद उन लोगों की आँखों में खुशी के आँसू भी देखे हैं। मैंने रोगियों में भावनाओं के ऐसे उतार-चढ़ाव को बहुत बार देखा व महसूस किया है। हम सब अपनी गलतियों से सीखते हैं, लेकिन वास्तव में बुद्धिमान वही है, जो दूसरों की गलतियों से सीख ले। यह पुस्तक गलत धारणाओं, भय, सामाजिक कलंक तथा उपचार-पद्धति और अंततः इस परिस्थिति से विजेता के तौर पर उभरनेवालों की जानकारी देने का एक प्रयास मात्र है। मैं कोई दार्शनिक या संत या जीवन-कला की विशेषज्ञ नहीं हूँ। मैंने इस पुस्तक में वही लिखा है, जो मुझे मेरे रोगियों ने सिखाया है। मेरे अधिकांश रोगियों ने इन समस्याओं से उबरने के अपने आसान तरीके विकसित किए और आगे बढ़ गए। उनकी सरल ज्ञानपूर्ण बातें मुझे बहुत पसंद आईं, जिन्हें मैंने इस पुस्तक में उपयोग किया है। इस बताई गई सफलता की कहानियों का उद्‌देश्य

आपके अंतर्मन में ऐसी अनंत प्रेरणा भरना है, जिससे यदि आप जीवन में किसी भी समय कमजोर पड़ें तो यहाँ वर्णित सफलता की कहानियाँ व सलाह आप में पुनः जोश भरकर आपको जीत की ओर अग्रसर कर दें। सफलता की इन कहानियों का मकसद आपको परिस्थितियों से निपटने, मायूसी को दूर करने तथा संसार की निराशाजनक बातों का किस तरह सामना किया जाए, यह दिखाना है।

अनुक्रम

अध्याय–1

कैंसर से इनकार

शरीर धोखा दे भी दे तो मन नहीं मानता।

—सारा ग्रुएन

अपने 21 वर्ष के चिकित्सीय पेशे में मैंने लोगों को इस अमंगलकारी कैंसर के निराशाजनक निदान का सामना करते देखा है। इस दौरान मैंने उन्हें ऐसे भावनात्मक, आर्थिक व स्वास्थ्य संबंधी संकटों का सामना करते देखा है, जिसकी तुलना मैं कुबलर-रॉस के बताए मृत्यु के पाँच चरणों के अतिरिक्त और किसी भी चीज से नहीं कर सकती। इसमें पहला चरण इनकार है। जब मैंने अपनी ओ.पी.डी. में रेवती को पहली बार देखा था, उस समय वह अपने स्तन की गाँठ को लेकर बहुत डरी हुई थी। चिकित्सीय परीक्षण के बाद मैं निश्चित थी कि यह केवल नरम मांस का टुकड़ा ही नहीं, बल्कि कुछ और है। रेवती लगभग पैंतीस वर्ष की शिक्षित महिला थी। संभवतः उसने स्तन की गाँठ के संबंध में गूगल से सब तरह की जानकारी हासिल कर ली होगी। मेरे लिए दो तरह की परिस्थितियाँ सँभालना सबसे कठिन होता है। पहला, यह खबर देना और दूसरा, उसके परिणामों पर चर्चा करना। मैंने उसकी आँखों में देखा और उसे बायोप्सी करवाने की सलाह दी। उसके मन में असंख्य प्रश्न उठ रहे थे। मैं आशा कर रही थी कि मैं गलत साबित होऊँ, क्योंकि मुझे आगे कुछ बुरा लेकिन सँभालने योग्य होने की आशंका थी। पाँच दिन बाद रेवती अपनी रिपोर्टों के साथ वापस लौटी। बायोप्सी रिपोर्टों ने कैंसर की पुष्टि कर दी। मुझे उसकी आँखों में उन रिपोर्टों के प्रति अविश्वास दिखाई दिया तथा उसकी बातें व शारीरिक भाषा स्पष्ट रूप से इनकार प्रकट कर रही थीं। एक बार फिर ऐसा नहीं हो सकता। लगता है, कुछ गलती हुई है। सैंपल किसी के साथ बदल गया होगा तथा एक बार फिर से बायोप्सी करवानी चाहिए—यही पंक्तियाँ कक्ष में गूँज रही थीं।

अब मैं रेवती को उस स्थिति में ले आई, जहाँ वह मेरी बातों को समझ सके। उसके संतोष के लिए बायोप्सी के सैंपलों का एक बार पुनः परीक्षण किया गया। लेकिन उसका कोई फायदा नहीं हुआ। जाँच के

परिणाम वही रहे। मैं ऐसी भावनात्मक प्रतिक्रिया पहली बार नहीं देख रही थी। मैंने उससे वही कहा, जो मैं अपने पास इस समस्या को लेकर आनेवाले लोगों से अकसर कहती हूँ।

हाँ, मानवीय त्रुटि होने की संभावना है, लेकिन कैंसर रिपोर्ट देने से पहले पैथोलॉजिस्ट बहुत अधिक सावधानी बरतते हैं। संदेह होने पर पैथोलॉजिस्ट के लिए इसकी पुष्टि करने से अधिक सरल अनिर्णीत लिखना होता है।

इनकार के प्रबंधन सुझाव

1. **जानकारी प्राप्त करें :** अपनी अवस्था से जुड़ी प्रत्येक जानकारी प्राप्त करने का प्रयास करें। लेकिन यह जानकारी प्राप्त करने में बहुत अधिक समय खराब न करें, क्योंकि यह देरी अधिक हानिकारक व विनाशकारी साबित हो सकती है।
2. **डॉक्टर से सलाह लें :** संदेह होने पर इस क्षेत्र के किसी विशेषज्ञ चिकित्सक से सलाह लें। यदि फिर भी विश्वास न आए तो बिना किसी हिचक के किसी अन्य डॉक्टर से राय लें।
3. किसी भी तरह का संदेह होने पर अपने डॉक्टर/पैथोलॉजिस्ट से रिपोर्टों को फिर से देखने का आग्रह करें।

मेरा मानना है कि जब तक आप ईमानदार रहते हैं तब तक आपको विकास के अवसर मिलते रहते हैं। लेकिन जब आप इससे इनकार करने लगें, बात ही न करें और चीजों को अपने आपसे तथा दूसरों से भी छिपाना आरंभ कर दें, तब आप ऐसे व्यवहार व मनोभाव से संबद्ध हो जाते हैं, जो आपको वहीं अटकाए रखेंगे।

—ट्रेसी मैकमिलन

□

अध्याय-2

मैं ही क्यों?

अगर मैं बुरी चीजों को लेकर ईश्वर से कहूँ कि मैं ही क्यों, तो मुझे अपने जीवन में मौजूद अच्छी चीजों के लिए भी 'मैं ही क्यों' कहना होगा।

—ऑर्थर आशे

सुषमा सुबह 8 बजे से मेरी ओ.पी.डी. के बाहर बैठी मेरी प्रतीक्षा कर रही थी (हालाँकि मेरी ओ.पी.डी. का समय सुबह 9 बजे से आरंभ होता है)। मैं तय समय पर ओ.पी.डी. पहुँची तो उसे बाहर चिंतित अवस्था में अपनी प्रतीक्षा करते पाया। मेरे कमरे में दाखिल होते समय उनके चेहरे पर क्रोध स्पष्ट दिखाई दे रहा था। यह क्रोध इस रोग, जीवन एवं हर चीज के प्रति था। एक बार फिर यह ऐसा चरण होता है, जहाँ लोग यह नहीं समझ पाते कि उन्हें आगे क्या करना चाहिए; क्योंकि वे अभी भी जाँच के परिणामों को स्वीकार नहीं कर सके हैं। उनके प्रश्नों की बौछार न तो धीमी पड़ती है और न ही रुकती है। ''मैं ही क्यों? किसे दोष दें? मैंने ऐसी क्या गलती की थी, जो मुझे यह बीमारी हो गई? ईश्वर मुझे सजा क्यों दे रहे हैं?'' आदि। इतने सारे रोगियों को देखने के बाद अब मैं यह अच्छी तरह से समझ गई हूँ कि इस निदान का लोगों पर क्या प्रभाव होता है। सुषमा के पति के लिए उसकी भावनाओं को सँभालना कठिन हो रहा था। हमें उसके असमय मृत्यु के 'स्व-निर्मित' भ्रम से निकलने के लिए परामर्श देना पड़ा और उसे यह समझाना पड़ा कि यह अंत नहीं है। अभी उसका कैंसर शुरुआती चरण में ही था। सर्जरी के पश्चात् उसके चेहरे पर आई मुस्कराहट मेरे लिए सबसे बड़ा इनाम था। यह केवल एक व्यक्ति की कहानी नहीं है। ऐसी हजारों सुषमाएँ हैं, जो इस कठिनाई का सामना कर रही हैं। कुछ इसे चुनौती मानती हैं तो कुछ के लिए यह भाग्य द्वारा दिया गया दंड है। जो लोग इसे चुनौती मानकर प्रत्येक कठिनाई से संघर्ष करते हैं, उन्हीं के चेहरे पर विजय की मुस्कान आती है। लगभग प्रत्येक रोगी ''मैं ही क्यों?'' सिंड्रोम से पीड़ित होता है। आपके अलावा और भी बहुत से लोग इसका सामना कर रहे हैं।

मैं ही क्यों? सिंड्रोम प्रबंधन के सुझाव

1. **मैं ही क्यों?** सिंड्रोम का उत्तर खोजने का व्यर्थ प्रयास न करें। इसका संभवत: कोई उत्तर नहीं है।
2. **क्रोध को काबू करें :** किसी भी समस्या से निपटने में असमर्थ होने पर व्यक्ति का उसके प्रति क्रोधित होना सामान्य है। लेकिन जरा सोचिए, यदि कठिनाई है तो उसका समाधान भी अवश्य होगा। मन में क्रोध के बादल होने से हम प्रत्यक्ष समाधानों को भी नहीं देख पाते। अपनी भावनाओं को काबू कीजिए; क्योंकि इसकी पुष्टि ही अंत नहीं है।
3. **''मैं ही क्यों?'' को छोड़ें :** इस अवस्था से जितनी जल्दी हो सके, बाहर निकल जाएँ; क्योंकि ऐसे प्रश्नों का कोई अंत नहीं होता। ध्यान रखिए, ब्रह्मांड आपको वह नहीं देता, जो आप चाहते हैं, बल्कि यह आपको वही देता है, जिसके लिए आप प्रयास करते हैं।
4. याद रखिए, कैंसर एक ऐसी दुर्घटना है, जो किसी के भी साथ घट सकती है।
5. रोग-निदान को स्वीकार करें।
6. इन्कार करने से कुछ नहीं होगा परंतु उपचार में देरी करना हानिकारक है।
7. **याद रखिए :** किसी वृक्ष को रोपने का श्रेष्ठम् समय 20 वर्ष पहले था और अगला सबसे सही समय ''आज'' है।

   तुरंत कदम उठाएँ। समय खराब न करें। घबराएँ नहीं। मदद लें।

हे ईश्वर! मैं जिन स्थितियों को बदल सकता हूँ, उसके लिए मुझे साहस दें और जिन्हें मैं नहीं बदल सकता, उन्हें स्वीकार करने की शक्ति दें।

—अज्ञात

□

अध्याय-3

डर पर विजय

संभावनाओं के प्रति भय से उत्पन्न कायरतापूर्ण उदासी से कहीं बेहतर अपनी कल्पित कठिनाइयों का वास्तव में सामना करना है।

—हेरोडोटस

मैं अपने ओ.पी.डी. कक्ष में एक नए रोगी को उपचार विकल्पों के बारे में बता रही थी। उन्हें पिछली बार कीमोथैरेपी का विकल्प सुझाया गया था। इस बार रोगी व उसके साथी पिछली बार बताई गई कीमोथैरेपी के दुष्प्रभावों के बारे में विस्तार से चर्चा करने आए थे। इन दुष्प्रभावों पर लगभग आधे घंटे की चर्चा-परिचर्चा के बावजूद बाहर जाते समय रोगी व उसके साथी के चेहरे पर उलझन दिखाई दे रही थी।

अगली रोगी थीं कलावती। वे काफी समय से मुझसे इलाज करा रही थीं। कमरे में दाखिल होते समय उनके चेहरे पर थकान के भाव थे। जब उन्होंने एवं उनके पति ने मुझे शिकायती नजरों से देखा तो मैं समझ गई कि ये मेरी बहुत देर से प्रतीक्षा कर रहे हैं। पिछले रोगी ने बहुत समय ले लिया। मैंने उन्हें देखा और अपनी ओर से सफाई देते हुए कहा कि ''नया मरीज था। उपचार के दुष्प्रभावों को स्वीकार नहीं कर पा रहे। इसलिए अनिर्णय की स्थिति में हैं।''

कलावती ने चुटकी लेते हुए कहा, 'अच्छा! वे पानी में पैर रखे बिना नदी पार करना चाहते हैं? संभव है कि वे नदी के सूख जाने की आशा रख रहे हों।' उनके इन सरल शब्दों ने मुझे प्रभावित किया और सदा के लिए मेरे मन में बस गए।

रूप से अधिकांश कैंसर रोगी भयभीत रहते हैं। वे हर चीज से भयभीत होते हैं, फिर चाहे वह कैंसर का भय हो या फिर उपचार की अग्निपरीक्षा। हम जिन चीजों को समझते हैं, उन्हें सँभालना सरल होता है। लेकिन हम जिन्हें समझ नहीं पाते, उन चीजों का क्या? हम या तो उन्हें नज़रअंदाज़ कर देते हैं, उनसे भयभीत होने लगते हैं। इस 'कैंसर' नाम की बीमारी से सब भयभीत हैं। इस रोग से संबंधित जानकारी का न होना तथा भविष्य के प्रति अनिश्चितता अत्यधिक भय का कारण बन जाती है।

कैंसर पर जारी बड़ी संख्या में अनुसंधानों के बावजूद इसकी बुराई

के संबंध में बहुत कम या न बराबर सामाजिक जागरूकता है। एक आम आदमी के लिए कैंसर का मतलब मृत्यु है। कई लोग कैंसर = मृत्यु से आज भी भयभीत हैं। समाज ने आमतौर पर कैंसर व इसके उपचार के आसपास जिन आधारहीन बातों का जाल बुन रखा है, उसके चलते रोगी मानने लगता है कि वह इंच-दर-इंच मृत्यु के निकट होता जा रहा है। समाज द्वारा सुनाई गई यह मौत की सजा वह सबसे बड़ा भय है, जो रोगी को जकड़े रखता है और उसे तब तक भयभीत रखता है, जब तक वह पूरी तरह से अपनी आंतरिक शक्ति खो नहीं देता। जबकि सच्चाई यह है कि अधिकांश कैंसर उपचार योग्य होते हैं। अगर भाग्य खराब हो तो मलेरिया या तपेदिक भी व्यक्ति के लिए जानलेवा साबित हो सकते हैं। परिणाम की अनिश्चितता के बावजूद बहुत से कैंसर उपचार योग्य हैं। हमेशा याद रखिए कि विजय सुनिश्चित होने पर कायर भी युद्ध में उतर सकता है, लेकिन सच्चा योद्धा वही है, जो परिणामों की चिंता किए बिना युद्ध करता हो। एक-न-एक दिन हम सबको मरना ही है। बस, बात इतनी सी है कि यह मौत होती कैसे है। अपने भय से ग्रस्त होकर मर जाने से बुरा कुछ नहीं हो सकता।

भय को दूर करने के सुझाव

1. **क्या भयभीत होने से कुछ हासिल होगा?** यदि आपसे कहा जाए कि कल सुबह आपकी परीक्षा है, तो आप क्या करेंगे? आप तकिए में मुँह दबाए रोते रहेंगे या पढ़ाई करेंगे? पूरा समय रोने में गँवा देने से क्या आप परीक्षा में उत्तीर्ण हो सकेंगे? नहीं। तो इस मामले में क्यों आँसू बहाना? भय के आँसुओं को पोंछ डालें और उन्हें जीत के आनंद में बहने के लिए एकत्रित कर रखें।
2. अनिश्चितता भय की जननी है। अपने डॉक्टर से स्पष्ट

बात करें। उनसे प्रश्न पूछें। उनसे सबकुछ स्पष्ट रूप से जानने का प्रयास करें।

3. अपने डॉक्टर से पूछें कि आपको सही जानकारी कहाँ से मिल सकती है।
4. अन्य रोगियों या इससे बेहतर रोग-मुक्त हो चुके लोगों से बात करें।
5. किसी सहायक समूह का हिस्सा बनें। जब एक बार आप इस रोग को समझने लगेंगे तो इससे जुड़े भय व अनिश्चितता कम होते जाएँगे।
6. **सहायता लें :** सहायता लेना कोई बुरी बात नहीं है। आपको यह सहायता अपने परिवार, मित्रों या अपने सलाहकार से भी मिल सकती है। जी हाँ, सलाहकार। यह आपको अपने भय को काबू करने का प्रशिक्षण देनेवाला कोई मनोचिकित्सक भी हो सकता है।
7. **हराएँ, हार न मानें :** हम सभी में एक योद्धा मौजूद है; लेकिन भावी परिणामों की कल्पना करके हम अकसर पीछे हट जाते हैं और युद्ध शुरू होने से पहले ही हार मान लेते हैं। अपने अंदर के योद्धा को जाग्रत् कीजिए।

आप तभी भयभीत होते हैं, जब आपका अपने से सामंजस्य नहीं होता। लोग भयभीत होते हैं, क्योंकि उन्होंने स्वयं पर कभी विश्वास ही नहीं किया।

—हरमन हेस

□

अध्याय-4

आशा सदा बलवती

अपने सपनों को सँजोए रखें, क्योंकि सपने नहीं रहे तो जीवन ऐसे पंखहीन पक्षी की तरह हो जाएगा, जो उड़ने में असमर्थ है।

—लैंगस्टन ह्यूगस

आशा जैसी कोई दवा नहीं। कोई भी प्रोत्साहन या टॉनिक कल कुछ अच्छा हो जाने की आशा से बेहतर नहीं हो सकता।

उस दिन मैं ओ.पी.डी. कुछ जल्दी पहुँच गई। जनवरी का महीना आधा बीत चुका था और बाहर बहुत ठंड पड़ रही थी। ओ.पी.डी. में भीड़ लगने से पहले मुझे एक कप चाय पीने का समय मिल गया था। गरम चाय की चुस्की लेते हुए मैंने अपनी ओ.पी.डी. नर्स कविता से आज देखे जानेवाले रोगियों के नाम बताने को कहा। उन नामों में एक नाम बीना का भी था। उस समय मैं बीना नाम की तीन रोगियों का उपचार कर रही थी। मैंने सामान्य रूप से पूछा, 'कौन सी बीना, क्या वही जिसे जाँच का परिणाम पता करना है?' उसने तुरंत उत्तर दिया, 'वही, जो हर बार नए कपड़े पहने और चमकदार लिपस्टिक लगाकर आई थी।' तत्पश्चात् वह बुदबुदाने लगी, 'मुझे समझ नहीं आता कि इन रोगियों को बीमार होने के बावजूद इतनी अच्छी तरह तैयार होने या मेकअप करने का समय कैसे मिल जाता है।' उसकी बात सुनकर मुझे अहसास हुआ कि हाँ, वाकई मेरी यह मरीज विशेष रूप से हमेशा ही बहुत अच्छी तरह तैयार होकर आती थी। उस दिन जब बीना मेरे कक्ष में दाखिल हुई तो मैंने उसके कपड़ों की तारीफ की और पूछा कि वह इतनी अच्छी तरह तैयार कैसे हो लेती है? उसने जो उत्तर दिया, वह मेरे लिए कल्पनातीत था, 'कीमोथैरेपी का हर सत्र मुझे और निराशा की ओर ले जाता है। अच्छे कपड़े पहनना मेरा उत्साह बढ़ा जाता है।'

सुंदर वस्त्र, मोतियों की मालाएँ, होंठों पर लाली, माथे पर बिंदी··· तथा सजावट की अन्य वस्तुएँ। कुछ रोगियों के लिए ये बाहरी दुनिया से संपर्क रखने और अपना मनोबल ऊँचा रखने का माध्यम बन सकता है। इस तरह संभवत: वे संसार को बताना चाहते हैं कि उनकी आशा अभी भी बाकी है। आशा है कि कल का दिन बीते दिन से कम कष्टदायक होगा।

आशा बलवती रखने के सुझाव

1. विश्वास बनाए रखें। अपने पर विश्वास रखें। यदि आप ऐसा नहीं कर सकते तो उन लोगों पर विश्वास रखें, जो आप पर विश्वास रखते हैं।
2. धार्मिक सहायता प्राप्त करें।
3. प्रत्येक उपचार सत्र के पश्चात् किसी यात्रा की योजना बनाएँ, जिससे आपकी आशाएँ बनी रहें।
4. अपनी अच्छी यादों को बनाए रखें।
5. याद रखें, आज जो अंत दिखाई दे रहा है, संभव है कि वह केवल एक मोड़ साबित हो। इसलिए आगे बढ़ते रहें।

उपनिषद् कहते हैं—चरैवेति, चरैवेति।
इसका अर्थ है—चलते रहो, चलते रहो, कभी रुको मत।
कभी थमो नहीं, आगे बढ़ते रहो।

जीवन की त्रासदी मृत्यु नहीं बल्कि जीवित रहते हुए भी अंदर से मर जाना है।

—नॉर्मन कजिंस

□

अध्याय-5

आगे बढ़ें...

दौड़ने की मंशा रखनेवाले किसी भी व्यक्ति के लिए सबसे कठिन चरण पहला कदम उठाना है।

—अज्ञात

'मैडम, ओ.पी.डी. में एक रोगी आपकी प्रतीक्षा कर रहा है।' मेरे ओ.पी.डी. सहायक आजाद ने मुझे सूचना दी।

'कौन है?' मैंने वार्ड का राउंड करते हुए पूछा।

'ये सुरेश साहब हैं। ये पिछली बार 12 जनवरी को खाँसी व छाती में दर्द की शिकायत लेकर आए थे।'

'ठीक है, उनकी रिपोर्ट निकालो और उन्हें प्रतीक्षा करने को कहो।'

मैंने अपना राउंड पूरा किया और तुरंत ओ.पी.डी. की ओर चल दी। मुझे याद आ गया कि वे कौन हैं। वे मेरे पास खाँसी व छाती में दर्द की शिकायत लेकर आए थे। लेकिन यह तो 5 महीने पहले की बात है? शायद उन्होंने कहीं और से उपचार आरंभ करवा दिया होगा। अगले 5 मिनट में मेरे सभी प्रश्नों के उत्तर मिलनेवाले थे। उनकी नींबू जैसी पीली हुई आँखों को देखकर मैंने अपने आप से कहा, 'हे ईश्वर!'

'सुरेशजी, इतने महीने कहाँ रहे?' मैंने पूछा।

'मैडमजी, हम चाहते थे कि रिपोर्ट की कहीं और से भी पुष्टि करवा लें।'

'तो इतने दिन लग गए?' उसकी लापरवाही पर उपजे अपने क्रोध को दबाते हुए मैंने पूछा।

'अब मैं उपचार के लिए तैयार हूँ। अभी तक मैंने कोई उपचार नहीं करवाया। अभी तक मैं इस रोग को स्वीकार नहीं कर पाया था। लेकिन अब मैं तैयार हूँ। कृपया मेरा उपचार कीजिए।'

उनके उत्तर को सुनकर मैं चौंक उठी। मैंने पूछा, 'क्या? अभी तक कोई उपचार नहीं करवाया?'

'हाँ।' उन्होंने कहा।

उनकी रिपोर्टें देखकर मुझे सारी कहानी समझ में आ गई। उन कागजों में अधिकांश उत्तर से दक्षिण तक के बहुत सारे डॉक्टरों द्वारा दी गई ओ.पी.डी. सलाहें थीं। उन्हें इस रोग की पुष्टि करने में पाँच महीने

लग गए। शुरुआत में जो रोग उपचार के स्तर पर था, उनके अनिर्णय के चलते हुई देरी से उसे उपचार की सीमा से बाहर कर दिया था। उनकी यह मेडिकल कतर-ब्योंत उनके व उनके परिवार के दुर्भाग्य का कारण बन गई थी। अब उन्हें लीवर मेटास्टेसिस के अलावा पीलिया भी हो गया था, जिसके चलते अब उनका कैंसर-निरोध का उपचार करना संभव नहीं था। उनके पूरे परिवार के लिए यह खबर हृदय-विदारक थी। लेकिन कई बार हालात ऐसे हो जाते हैं, जहाँ आप कुछ नहीं कर सकते। इसमें सबसे दु:खद वह होता है, जब इसका कारण रोगी व उसके परिवार द्वारा समय पर उपचार न करवाना हो। शीघ्रता न दिखाने के कारण उपचार योग्य अवस्था अवसान तक पहुँच गई। तलवार निकालकर पहला वार करने के पूर्व ही वह कैंसर से अपनी जंग हार चुके थे।

मैंने बहुत से लोगों को समय की कद्र किए बिना एक डॉक्टर से दूसरे डॉक्टर और एक अस्पताल से दूसरे अस्पताल का चक्कर लगाते देखा है। दूसरी राय लेना ठीक है; लेकिन चार, पाँच, छह—आखिर कितनी बार राय ली जाएगी? राय लेने का यह क्रम कभी नहीं रुकेगा और एक दिन आपको अहसास होगा कि आप ज्वालामुखी के किनारे यह मानकर सोए रहे कि अभी आपके पास समय है। याद रखिए, प्रत्येक केस दूसरे से अलग होता है। इसी तरह हर व्यक्ति का शरीर भी अलग होता है। चिकित्सा के क्षेत्र में 2+2 शायद ही कभी 4 होता है। रोग किस गति से बढ़ेगा, इस बारे में कुछ कहा नहीं जा सकता। इसलिए जरा भी समय खराब न करें।

आगे बढ़ने के सुझाव

1. **निर्णय लेने में देर न करें :** निर्णय लेने में केवल जल्दबाजी ही नहीं बल्कि समझदारी से भी काम लें। न तो सभी डॉक्टरों में समान विशेषज्ञता होती है और न ही सभी अस्पतालों में

विशिष्ट उपचार देने योग्य उपकरण होते हैं। यहाँ परिवार व मित्र बहुत सहायक सिद्ध हो सकते हैं। उत्तम डॉक्टर और उत्तम अस्पताल खोजने की जिम्मेदारी उन्हें सौंप दें। मेडिकल कतर-ब्योंत में अधिक समय खराब न करें! आगे बढ़ें और घबराएँ नहीं। यदि आपने कदम नहीं उठाया तो आप कभी आगे नहीं बढ़ सकेंगे।

2. **सही डॉक्टर का चयन :** किसी योग्य व अनुभवी विशेषज्ञ को खोजें। डॉक्टर के साथ अपने सामंजस्य का आकलन करें।
3. **सही अस्पताल का चयन :** यह डॉक्टर के बाद दूसरा सबसे महत्त्वपूर्ण घटक है। ऐसे अस्पताल को खोजें, जिसमें मेडिकल, सर्जिकल एवं रेडिएशन ऑनकोलॉजी जैसी सभी सुविधाएँ व विभाग मौजूद हों। उपचार के विभिन्न चरणों के लिए भिन्न-भिन्न डॉक्टरों व अस्पतालों को खोजनेवाले अन्वेषक न बनें, क्योंकि इससे मूल उपचार योजना को हानि पहुँच सकती है।

मेरा मानना है कि असफलता जीवन पर परोक्ष दबाव डालने के तरीके से अधिक और कुछ नहीं है। मेरे लिए असफलता उसके परिणाम में नहीं बल्कि उसके लिए प्रयास न किया जाना है।

—सारा ब्लैकले

□

अध्याय-6

दूसरों की नहीं, केवल अपनी सुनें

अन्य लोगों की बात सुनने पर यह विश्वास करना सरल हो जाता है कि आप किसी काबिल नहीं हैं।

—मैकेंजी अस्टिन

निदान के बाद रोगी पर विचारों, सलाहों, पद्धतियों व चिकित्सीय परामर्श की अंतहीन बमबारी आरंभ हो जाती है। क्या करना है और क्या नहीं करना है, इस संबंध में निरंतर जानकारी का प्रवाह उमड़ने लगता है। आप चाहें या न चाहें, पर परामर्श देनेवाले परामर्श अवश्य देंगे। इंटरनेट से मिलनेवाला जानकारी का प्रवाह आपको और अधिक भ्रमित व विचलित कर देता है। वास्तव में, रोगी को अधिक जानकारी होने का उसपर शारीरिक, मानसिक, भावनात्मक व सामाजिक रूप से नकारात्मक प्रभाव होता है। इन्हीं हालात के लिए ब्रिटिश मनोवैज्ञानिक लेविस ने सूचना क्लांति सिंड्रोम (इन्फॉर्मेशन फटीग सिंड्रोम) की उक्ति की रचना की थी। आवश्यकता से अधिक जानकारी होना आकलन प्रक्रिया को लकवाग्रस्त कर देता है, जिससे उचित जानकारी को पहचानना तथा उसका चयन करना कठिन हो जाता है। जानकारी की बमबारी के इन हालात में निर्णय लेना कठिन व निराशापूर्ण, चिंतित व थकानयुक्त हो जाता है।

समाधान के सुझाव

1. आराम से बैठें और गहरी साँस लें। इस कोलाहल को दिमाग से निकाल दें।
2. जानकारीपूर्ण निर्णय लें।
   - एक बार जब आप डॉक्टर व अस्पताल का चयन कर लेते हैं तो ध्यान रखिए कि आपके डॉक्टर जानकारी का सबसे बेहतरीन स्रोत हैं। अपने डॉक्टर से पूछिए कि किस मेडिकल इंटरनेट वेबसाइट से आपको ऐसी उचित जानकारी मिल सकेगी, जिसका आप परिपालन कर सकें।
   - इसी तरह एक या अधिक-से-अधिक दो लोगों का चयन करें, जो आपको सही सलाह दे सकते हों।

सलाहकारों को चुनने का महत्त्वपूर्ण पैमाना है

- यह सलाहकार सकारात्मक व्यक्तित्व का हो।
- यह व्यक्ति स्वयं कैंसर-मुक्त हुआ हो या किसी रोगी का निकटस्थ मददगार रहा हो।

जो जरूरी हो उसे अपना लें और बाकी सबको जाने दें।

—दिनाह एम क्रेक

□

अध्याय-7

उपचार में सहयोग

कई बार आपको अपनी शक्ति का तब तक अहसास नहीं होती, जब तक आपका सामना अपनी सबसे बड़ी कमजोरी से न हो जाए।

—सुसान गेल

उपचार की शुरुआत करना कठिन नहीं होता। इससे अधिक चुनौतीपूर्ण होता है दुष्प्रभावों के बावजूद उपचार को पूरा करवाना। इसे श्रीमती रोमा से अच्छी तरह और कौन समझ सकता है। उनका उपचार पिछले 5-6 वर्षों से चल रहा है और आज भी जारी है। वे इसके दुष्प्रभावों का प्रबंधन बहुत अच्छी तरह कर रही हैं। उन्हें चौथे चरण का कैंसर है और वे हमारे साथ अपने अनुभव बाँटने के लिए आज भी जीवित हैं। बहुत से लोगों के लिए कीमोथैरेपी के निशान लज्जा का कारण होते हैं। लेकिन मुझे ऐसे योद्धा याद आते हैं, जो संघर्ष के इन निशानों को अपनी जीत का चिह्न मानते हुए इन पर गर्व करते हैं। तो फिर आपको भी इनके लिए शर्मिंदा होने की कोई आवश्यकता नहीं है।

उपचार में सहयोग के सुझाव

1. **करने तथा न करने योग्य कार्यों की सूची तैयार करें :** अपने डॉक्टर की सहायता से उन कार्यों की सूची बनाएँ, जिन्हें उपचार के दौरान आपको करने या न करने की अनुमति है। इस सूची में हर तरह की जानकारी दर्ज करें, जैसे किस तरह के कपड़े पहने जाएँ और इसमें अपनी निजी आदतों को भी शामिल करें। यदि आप इस संबंध में अपने डॉक्टर से सलाह नहीं ले सकते तो किसी प्रामाणिक वेबसाइट, बुकलेट या पठनीय सामग्री की सहायता लें और कम-से-कम अपना उपचार कर रहे डॉक्टर से इसकी स्वीकृति अवश्य लें।
2. अपने कैलेंडर को चिह्नित करें और अपनी अपॉइंटमेंट के दिन याद रखें।
3. **जिम्मेदारियाँ बाँटें :** अपनी आवश्यकताओं व उपचार से जुड़े कार्यों में परिवार के लोगों की सहायता लें। हो सकता है कि आप खाना बनाने या तकनीकी ज्ञान में अच्छे न हों।

यह भी हो सकता है कि आप चीजें भूल जाते हों। खाना बनाने में कुशल कोई व्यक्ति उपचार के दौरान आपके आहार की जिम्मेदारी सँभाल सकता है। कोई तकनीक का जानकार कैलेंडर एप्प का उपयोग कर आपकी कीमोथैरेपी और अन्य अपॉइंटमेंट का अलार्म लगा सकता है। इसी तरह परिवार का कोई स्वास्थ्य सचेतक आपको योग एवं अन्य हलकी कसरतें करने में सहायता दे सकता है। अपने संसाधनों को उचित ढंग से उपयोग करने पर चीजों को सँभालना बहुत आसान हो जाता है।

4. **अपने डॉक्टर या अस्पताल से जाँच-सूची प्राप्त करें :** अधिकांश अस्पतालों के पास यह जाँच-सूची होती है। आप उनसे यह ले सकते हैं। इसमें आपकी जाँच व उपचार के अलावा अन्य सावधानियाँ भी लिखी होनी चाहिए।
5. **अपनी प्रश्न तालिका बनाएँ :** संभव है, घर पर रहते हुए आपके दिमाग में सैकड़ों प्रश्न घूमते रहते हों, लेकिन डॉक्टर के कक्ष में प्रवेश करते ही आप उन्हें भूल जाते हैं। अपने इन प्रश्नों को एक छोटी सी पॉकेट डायरी में लिख लें और अगली बार जब भी अपने डॉक्टर से मिलने जाएँ तो उनसे इस बारे में बात करें।
6. **आपात स्थिति :** आपको पता होना चाहिए कि अचानक चिकित्सा सहायता की स्थिति आने पर किससे संपर्क किया जाए। इन आपातकालीन नंबरों को ऐसी जगह लिखकर रखें, जिससे आवश्यकता के समय सरलता से मिल जाएँ।
7. **आहार :** अपने खान-पान का विशेष ध्यान रखें। यदि आवश्यकता हो तो किसी आहार विशेषज्ञ की सलाह लें।
8. **पूरी नींद लें :** रात को विशेष रूप से 11 बजे से सुबह 7

बजे तक की नींद से आपको ठीक होने में सहायता मिलेगी। न्यूनतम 8 घंटे की नींद लेना आवश्यक है। आरामदायक नींद लेने से आपकी स्वास्थ्य सुधार की क्षमता बढ़ जाएगी। यदि संभव हो तो दिन में भी एक छोटी सी नींद लेकर अपने ऊर्जा स्तर को परिपूर्ण कर लें।

9. **इसे दिखाएँ या छिपाएँ :** उपचार के बाद निश्चित ही कुछ निशान रह जाते हैं, जिनसे संभवतः आप भीड़ से अलग दिखाई दें। उदाहरण के लिए, कीमोथैरैपी के चलते कुछ लोगों के बाल उड़ जाते हैं या कुछ के नाखून बदरंग हो जाते हैं। कुछ सरल उपाय अपनाकर आप अन्य लोगों जैसा दिख सकते हैं। जैसे—आप अपना गंजापन छिपाने के लिए नकली बालों, टोपी या स्कार्फ का उपयोग कर सकते हैं। महिलाएँ यदि अपने बदरंग नाखूनों को शर्मिंदगी का कारण समझती हों तो वे इन्हें रँग सकती हैं। उपचार के दौरान अपने बालों को खो देनेवाली श्रीमती निधि इस संबंध में प्रेरणा-स्रोत बन सकती हैं। उन्होंने अपने केश-विहीन सिर पर शर्मिंदगी महसूस करने की जगह उसे अपना स्टाइल बना लिया।

10. **स्वयं को तनाव-मुक्त करने का मार्ग खोजें**

ऐसे कार्यों में व्यस्त रहें, जिनसे आपको आराम मिले।

(क) योग

(ख) ध्यान

(ग) संगीत सुनना

(घ) फिल्म देखना

(ङ) बागबानी

(च) पुस्तक पढ़ना

(छ) चित्रकारी

(ज) स्पा जाएँ तथा ऐसी ही अन्य चीजें करें।

11. **अपनी सीमाएँ पहचानिए :** इस प्रेरणा के फलस्वरूप मिली अतिरिक्त ऊर्जा को लेकर बहुत अधिक उत्साहित न हों। जैसा कहा जाता है, अधिक पकाने से खाना जल जाता है। इसलिए अपनी सीमा को पहचानिए।

जीवन वैसा नहीं है जैसा इसे होना चाहिए। ये जैसा है वैसा है। अंतर केवल इससे पड़ता है कि आप इसे किस तरह व्यतीत करते हैं।

—वर्जीनिया सातीर

□

अध्याय-8

हार स्वीकार कर लेना विकल्प नहीं

कष्ट अस्थायी होता है, परंतु हार स्वीकार करने का कष्ट आजीवन कष्ट बना रहता है।''

—लांस आर्मस्ट्रॉग

कैंसर मेरे जीवन की कहानी नहीं बल्कि उसका अध्याय मात्र है।

—जो वासेर

हमारी पहली दो मीटिंग में आमोद चुपचाप व उलझा हुआ सा रहता था। लेकिन जब वह तीसरी बार मेरी ओ.पी.डी. में आया तो बिल्कुल ही अलग व्यक्ति था। पहली बार आमोद मेरे पास अपने पेट में हुई बड़ी सी गाँठ दिखाने आया था। वह उसकी बायोप्सी जाँच करवा चुका था, जिसमें उसे कैंसर बताया गया था। नैदानिक पुष्टि के लिए शुरुआती जाँच व चरण जानने के पश्चात् मैंने उसी दिन कीमोथैरेपी शुरू करने की योजना बनाई। हमेशा की तरह सभी व्यक्ति मेरे साथ इस बीमारी व कीमोथैरेपी के दुष्प्रभावों पर चर्चा करना चाहते हैं। मैं नलिनी (रोगी की पत्नी) का चेहरा देखकर भाँप गई कि वह भी इन प्रश्नों से परेशान है और मुझसे इस विषय में बात करना चाहती है। जैसे ही मैंने अपना राइटिंग पैड निकाला और दुष्प्रभावों पर चर्चा के लिए अपना मुँह खोला, तुरंत ही बेहद शांत व प्रकृतिस्थ रहनेवाले आमोद ने मुझे रोक दिया। उसने कहा, 'डॉक्टर साहब, मुझे दुष्प्रभावों या अपने ठीक होने की संभावनाओं के बारे में कुछ नहीं जानना। मैं केवल एक बात जानता हूँ—दवाओं के क्षेत्र में बहुत क्रांति हो चुकी है और इसका इलाज संभव है। अब मैं सिर्फ उपचार आरंभ करना चाहता हूँ।'

उस दिन तथा इसके बाद भी कभी आमोद ने मुझे और अपनी पत्नी को इस संबंध में कभी बात नहीं करने दी। कीमोथैरेपी उसी दिन आरंभ कर दी गई और उसके सत्र चलने लगे। आज उस घटना को दस वर्ष बीत चुके हैं, आमोद आज भी अपनी पत्नी के साथ मुझसे मिलने आता है। मैं जब भी उसे देखती हूँ तो उसके वही शब्द मेरे कानों में गूँजने लगते

हैं। मैं उसकी इस भावना को सलाम करती हूँ—संभवतः इसी कारण वह आज एक दशक बाद भी स्वस्थ व रोग-मुक्त है।

समय ने एक बार फिर वैज्ञानिक रूप से सिद्ध कर दिया कि जो रोगी सकारात्मक दृष्टिकोण रखते हैं, उनके ठीक होने की संभावना बढ़ जाती है।

सकारात्मक बने रहने के सुझाव

1. नकारात्मक लोगों से दूर रहने का सचेतन निर्णय लें।
2. सकारात्मक पुस्तकें संकलित करें और पढ़ें।
3. जब भी आप कोई सकारात्मक उक्ति पढ़ें तो उसे कहीं लिख लें। उसे दरवाजे, अलमारी या स्नानागार के शीशे जैसी किसी ऐसी जगह लगाएँ, जहाँ वह आपको अकसर दिखाई देती रहे।
4. अपनी सकारात्मक स्मृतियों का संग्रह बनाएँ, जिनमें अपने विवाह की तसवीरें, अपने माता-पिता को दिए पहले उपहार या आपकी बेटी के दिए पहले उपहार जैसे चित्रों को शामिल करें।

> *आयु से शरीर वृद्ध होता है, लेकिन हार मानने से आत्मा बूढ़ी हो जाती है।*
>
> **—डगलस मैक आर्थर**

□

अध्याय-9

कैंसर रोधी आहार

आपका आहार सबसे सुरक्षित व दमदार दवा या धीमा जहर दोनों में से कुछ भी हो सकता है।

—एन विगमोर

स्वस्थ आहार : कैंसर प्रतिकार

कैंसर से लड़नेवाले फल व सब्जियाँ खाएँ

- अधिक फलोंवाले आहार से पेट व फेफड़ों के कैंसर का खतरा कम हो सकता है।
- गाजर जैसी अधिक कैरोटीनॉयड वाली सब्जियों से फेफड़ों, मुँह, ग्रसनी व गले के कैंसर का खतरा कम हो जाता है।
- आहार में ब्रॉकली, पालक तथा फलियों जैसी स्टार्च-रहित सब्जियाँ होने से पेट व फूड पाईप (खाने की नली) कैंसर से सुरक्षित रहने में सहायता मिलती है।
- संतरे, जामुन, मटर, शिमला मिर्च, गहरे हरे रंग का पत्तेदार साग तथा विटामिन 'सी' की अधिक मात्रावाले खाद्य पदार्थों से भी फूड पाईप कैंसर से सुरक्षा प्राप्त हो सकती है।
- टमाटर, अमरूद व तरबूज जैसे प्रचुर मात्रा में लाइकोपीन वाले फल व सब्जियों से प्रोस्टेट कैंसर का खतरा कम होता है।

फाइबर को बनाएँ हथियार

आहार में प्रचुर मात्रा में फाइबर होने से बड़ी आँत का कैंसर (कोलोरेक्टल कैंसर) तथा पेट, मुँह व ग्रसनी जैसे सामान्य पाचन प्रणाली कैंसर होने का खतरा कम करने में सहायता मिलती है।

भोजन में इसकी मात्रा अधिक होने से कब्ज की शिकायत भी नहीं रहती।

फलों, सब्जियों तथा साबुत अनाज में फाइबर पाया जाता है। सामान्यत: खाद्यान्न जितना अधिक प्राकृतिक व असंसाधित होगा, उसमें फाइबर की मात्रा उतनी ही अधिक होगी। मांस, दुग्ध पदार्थ, चीनी और सफेद डबलरोटी, सफेद चावल व पेस्ट्री जैसे सफेद खाद्य पदार्थों में फाइबर बिल्कुल नहीं होता।

- सफेद चावल की जगह भूरे चावल का उपयोग करें।

- सफेद डबलरोटी की जगह वैकल्पिक रूप में होल ग्रेन (साबुत अनाज) या मल्टीग्रेन डबलरोटी को चुनें।
- फ्रेंच रोल (क्रोइसैन) या पेस्ट्री की जगह चोकर-युक्त मफिन खाएँ।
- आलू के चिप्स की जगह पॉपकॉर्न या सूखे मेवे का अल्पाहार अधिक स्वास्थ्यवर्धक रहेगा।
- चिप्स व खट्टी क्रीम डिप के स्थान पर उबली हुई गाजर, अजवाइन या सालसा के साथ शिमला मिर्च, कम वसावाली चटनी या नींबू के रस का आनंद लें।
- सैंडविच, पकौड़े तथा यहाँ तक कि बर्गर में भी कीमे की जगह फलियों (बींस) का उपयोग करें (बीन बर्गर बहुत स्वादिष्ट होता है)।

पानी का जादू : फाइबर पानी को सोख लेता है। इसलिए भोजन में जितना अधिक फाइबर होगा, आपको उतना ही अधिक पानी पीना होगा। कैंसर के विरुद्ध इस जंग में पानी भी बहुत आवश्यक है। यह प्रतिरक्षा प्रणाली को उद्दीप्त करता है, अवशिष्ट व विष निकालता है तथा पोषक तत्त्वों को आपके सभी अंगों तक पहुँचा देता है।

मांस का सेवन कम करें : यदि आपकी सुस्त जीवन-शैली है तो अत्यधिक मांस खाना या मांस से परिपूर्ण आहार आपके स्वास्थ्य के लिए ठीक नहीं है। इसके अतिरिक्त लाल मांस का आँत के कैंसर से भी संबंध है। अपने आहार में पशु-आधारित उत्पादों की मात्रा कम कर स्वास्थ्यवर्धक मांस का विकल्प चुनने से आप कैंसर के खतरे को काफी हद तक कम कर सकते हैं।

- **मांस कम-से-कम खाएँ :** आपके भोजन में मांस की मात्रा कुल 15 प्रतिशत से अधिक नहीं होनी चाहिए। यह 10 प्रतिशत हो तो और भी बेहतर है।

- **लाल मांस कभी-कभी ही खाएँ :** लाल मांस में संतृप्त वसा बहुत अधिक होती है, इसलिए इसे संयमित मात्रा में ही खाएँ। बेहतर है—अगर न खाएँ।
- **प्रत्येक आहार में मांस की मात्रा न्यूनतम रखें :** यह मात्रा केवल इतनी होनी चाहिए कि आपकी हथेली में समा जाए।
- मांस को आहार का मुख्य हिस्सा नहीं बल्कि अतिरिक्त या स्वाद बढ़ाने में ही उपयोग करें। आप मांस को अपने भोजन का मुख्य पदार्थ बनाने की जगह इसे स्वाद या अलग रंगत देने में ही उपयोग कर सकते हैं।
- अपने भोजन में अन्य वनस्पति-आधारित प्रोटीन स्रोतों व फलियों को भी शामिल करें।
- मछली, चिकन या टर्की जैसे बिना चर्बीवाले मांस खाएँ।
- हॉटडॉग, सॉसेज तथा सलामी जैसे संसाधित मांसाहारवाले तैयार खाद्य उत्पादों का सेवन न करें।
- यदि हो सके तो जैविक मांस खाएँ। जैविक पशुओं को खुले में रहने की सुविधा होनी चाहिए। उन्हें जी.एम.ओ. मुक्त जैविक आहार दिया जाता हो। जी.एम.ओ (जेनेटिकली मॉडिफाइड ऑर्गेनिज्म) वे खाद्य उत्पाद होते हैं, जिनमें जीन स्तर पर बदलाव किया गया हो। एंटीबायोटिक, ग्रोथ हार्मोन एवं अन्य पशु-उपोत्पाद न दिए जाते हों।

उचित वसा चयन में समझदारी

अत्यधिक वसा-युक्त आहार लेने से कई तरह के कैंसर होने का खतरा बढ़ जाता है। इससे न केवल कैंसर बल्कि कोलेस्ट्रॉल से जुड़ी समस्याएँ भी उत्पन्न हो सकती हैं। लेकिन वसा बिल्कुल न लेना इसका समाधान नहीं है। सच तो यह है कि बहुत से वसा वास्तव में कैंसर व

कोलेस्ट्रॉल की समस्याओं से सुरक्षा प्रदान किया करते हैं। हमारी सलाह यह है कि अपने लिए उचित वसा का समझदारी से चुनाव कर उसका संतुलित मात्रा में सेवन करें।

- **निर्णय कैसे लें :** कमरे के तापमान पर कठोर होनेवाला वसा आपके लिए ठीक नहीं है।
- **कैंसर का खतरा बढ़ानेवाले वसा :** संतृप्त वसा तथा ट्रांस वसा दो सबसे नुकसानदेह वसा हैं। संतृप्त वसा मुख्य रूप से लाल मांस तथा कच्चे दूध से बने दुग्ध उत्पादों में पाया जाता है। ट्रांस वसा को आंशिक रूप से हाइड्रोजनीकृत तेल भी कहा जाता है। तरल वनस्पति तेल में हाइड्रोजन मिलाकर बनाने से यह अधिक कठोर हो जाता है और जल्दी खराब नहीं होता। यह खाद्य तेल निर्माता के लिए तो अच्छा है, लेकिन आपके लिए बुरा है।
- **कैंसर का खतरा कम करनेवाले वसा :** असंतृप्त वसा सबसे उत्तम वसा है। इसका स्रोत पौधे हैं और यह कमरे के तापमान पर तरल ही रहता है। इसके मुख्य स्रोतों में जैतून का तेल, सफेद सरसों का तेल, बादाम, अवेकेडो शामिल हैं। इसके साथ ही ओमेगा-3 वसा-युक्त अम्ल भी लेना चाहिए, जो सूजन व जलन से लड़कर मस्तिष्क व हृदय के स्वास्थ्य को सहायता प्रदान करता है। इसके अतिरिक्त कॉडलिवर ऑयल (यह कैप्सूल के रूप में भी मिलता है), सैलमन, टूना के अलावा अलसी के तेल का उपयोग भी किया जा सकता है।

अपना आहार स्वास्थ्यवर्धक तरीके से बनाएँ

केवल स्वस्थ आहार चुनना ही काफी नहीं है। आप इसे किस तरह बनाते या इसका भंडारण करते हैं, यह भी उतना ही महत्त्वपूर्ण है।

आपका खाना बनाने का तरीका स्वास्थ्यवर्धक भी हो सकता है और स्वास्थ्य-नाशक भी।

आहार संबंधी कैंसर-रोधी तत्त्वों का लाभ लें

यहाँ कुछ ऐसे सुझाव दिए जा रहे हैं, जिनकी सहायता से आप फल व सब्जियों जैसे श्रेष्ठ कैंसर-रोधी खाद्य पदार्थों से लाभान्वित हो सकते हैं।

- निश्चित मात्रा में कच्चे फल व सब्जियाँ अवश्य खाएँ। इनमें विटामिन्स व खनिज की मात्रा सबसे अधिक होती है; यद्यपि कुछ सब्जियों में मौजूद विटामिन्स पकाए जाने के बाद ही शरीर के लिए अधिक उपयोगी हो जाते हैं।
- खाना पकाते समय सब्जियों को नरम करने के लिए बहुत थोड़े से पानी में वाष्पित करें। इससे उनमें मौजूद विटामिन्स काफी हद तक संरक्षित रहते हैं। सब्जियों को अधिक पकाने से उनके बहुत से विटामिन्स व खनिज नष्ट हो जाते हैं। यदि आप सब्जियों को पकाने से पहले उबालते हैं तो इस बचे हुए पानी को सूप या अन्य किसी व्यंजन को बनाने में उपयोग करें, जिससे इसके विटामिन आपको पूरी तरह से मिल जाएँ।
- सभी फलों व सब्जियों को धोकर खाएँ। इन्हें धोने में वेजिटेबल ब्रश का उपयोग करें। इन्हें धोने से इनमें मौजूद सभी कीटाणु-नाशकों का प्रभाव पूर्णतः समाप्त नहीं होता। हाँ, वह कम अवश्य हो जाता है। यदि संभव हो तो ऐसे जैविक उत्पादों का उपयोग करें, जिनकी खेती में जी.एम.ओ. या कीटाणु-नाशकों का उपयोग नहीं हुआ हो।
- प्रतिरोधक क्षमता बढ़ानेवाले मसालों व जड़ी-बूटियों द्वारा भोजन को स्वादिष्ट बनाएँ। लहसुन, अदरक तथा करी पाउडर से न केवल स्वाद बेहतर हो जाता है बल्कि इस

महत्त्वपूर्ण पोषण द्वारा भोजन में कैंसर-रोधी शक्ति आ जाती है। इनके अलावा हल्दी, तुलसी, रोजमेरी तथा धनिया का भी उपयोग किया जा सकता है। इन्हें सूप, सलाद, पुलाव या किसी भी व्यंजन में उपयोग किया जा सकता है।

- सलाद को सादा खाने की जगह इसमें जैतून का तेल मिश्रित करें। इससे इसमें पोषक तत्त्वों में वृद्धि के अलावा स्वाद भी बेहतर हो जाएगा।

कार्सिनोजीन से दूर रहने के सुझाव

कार्सिनोजीन आहार में पाए जानेवाले कैंसरकारी तत्त्व हैं। खाद्य पदार्थों को पकाने या संरक्षण प्रक्रिया के दौरान कार्सिनोजीन उत्पन्न हो जाता है। मांस को पकाते समय अकसर ऐसा हो जाता है। इसके साथ ही भोजन की खराब होने की प्रक्रिया भी शुरू हो जाती है। कार्सिनोजीन खाद्य पदार्थ में उपचारित, सूखे व संरक्षित मांस (जैसे बेकन या शूकर मांस), सॉसेज, जलाया या जलाकर कोयला हुआ मांस, धुएँ में पके खाद्य पदार्थ तथा फफूँद-युक्त खाद्य पदार्थ शामिल हैं। निम्नलिखित उपायों द्वारा आप कार्सिनोजीन के खतरे में कटौती कर सकते हैं—

- खाना बनाते समय तेल को तेज आँच पर न पकाएँ। धीमी आँच पर पकाने या सेंकने (240 डिग्री से कम पर) से तेल या वसा में कैंसरकारी तत्त्व उत्पन्न नहीं हो पाते। अधिक तेल में तलने, पैन में तलने तथा हलके तलने की जगह सेंकने, उबालने, वाष्पित या बहुत गरम करने जैसे स्वस्थ विकल्पों का उपयोग करें।
- **बारबेक्यू ध्यानपूर्वक करें :** मांस को जलाने या झुलसाने से उसमें कैंसरकारी तत्त्व उत्पन्न हो जाते हैं। यदि आप बारबेक्यू करना चाहते हैं तो मांस को बहुत देर तक न पकाएँ

और उसे सही तापमान (अत्यधिक गरम नहीं) पर पकाएँ या प्रेशर कूकिंग द्वारा नरम करने के बाद भूनने से खाद्य पदार्थ मात्रात्मक रूप से कम जलेगा।

- तेल को अँधेरे व ठंडे स्थान पर वायु-रोधक डिब्बे में रखें; क्योंकि यह गरमी, प्रकाश या वायु के संपर्क में आते ही सड़ जाता है।
- उपचारित, सूखे, संरक्षित या धुएँ में पके मांस के स्थान पर ताजे मांस का उपयोग करें।
- खाद्य पदार्थ में फफूँद दिखने या गंध आने पर उसका सेवन न करें। उनमें भीषण कैंसरकारी तत्त्व एफ्लेटॉक्सिन होने की संभावना होती है। एफ्लेटॉक्सिन फफूँद-युक्त मूँगफली में सबसे अधिक पाया जाता है। मूँगफली को फ्रिज या फ्रीजर में रखने पर वह लंबे समय तक ताजा रहती है। यदि मूँगफली नमक में भुनी हो तो यह और भी अच्छा है।
- **माइक्रोवेव का उपयोग सावधानी से करें :** माइक्रोवेव में खाद्य पदार्थों को प्लास्टिक की जगह मोमी कागज से ढकें। इसके अलावा, माइक्रोवेव-सुरक्षित कंटेनरों का उपयोग करें। प्लास्टिक के डिब्बों की जगह माइक्रोवेव-सुरक्षित शीशे के बरतनों का उपयोग करें।

कीमोथेरैपी ले रहे रोगियों के लिए आहार संबंधी सुझाव

कैंसर से अकसर लोगों की ऊर्जा, मनोदशा व विचारशीलता चूक जाती है। भोजन व आहार संबंधी आदतों में किए गए इन सरल से सुधारों द्वारा आपका ऊर्जा स्तर पूरित हो जाएगा। अपने डॉक्टर व आहार सलाहकार से इन आहार संबंधी नियम-कायदों की जानकारी प्राप्त करें। निम्नलिखित सुझाव भी आपके बहुत काम आएँगे।

1. आहार सुरक्षा

कैंसर रोगियों के लिए आहार सुरक्षा का विशेष महत्त्व है।

- भोजन बनाने तथा करने के पूर्व अच्छी तरह हाथ धोएँ।
- भोजन बनाने से पहले हाथ धोएँ तथा खाने से पहले फल व सब्जियों को भी अच्छी तरह से धोएँ।
- कच्चे मांस की सँभाल ठीक तरह से करें। उसे पके हुए भोजन से दूर रखें।
- मांस/पोल्ट्री मछली को अच्छी तरह से पकाएँ।
- पाश्चरीकृत/उबले हुए दूध का ही उपयोग करें।
- घर के अतिरिक्त कहीं और खाते समय सलाद, सुशी, कच्चे/अधपके मांस व अंडे का सेवन न करें।
- पीने के पानी का विशेष रूप से ध्यान रखें।

2. उबकाई की रोकथाम

भूखे पेट उबकाई आती है। इसलिए थोड़ी मात्रा में कुछ-न-कुछ खाते रहें। भोजन के बीच के अंतराल में अल्पाहार का आनंद लें।

लगातार कुछ-न-कुछ पीते रहें। इसे धीमे-धीमे पिएँ। नीबू-पानी को फ्रीज कर उन जमे हुए टुकड़ों को चूसना अच्छा रहेगा। जब उबकाई रुक जाए तो जिंजर ऐले (अदरक-युक्त बीयर), कम चाय पत्तीवाली या हरी चाय, पॉपसिकल (डंडी वाली आइसक्रीम), यखनी या सूप भी पी सकते हैं।

3. भोजन की गंध को कैसे नजरअंदाज करें

कीमोथेरैपी करवा रहे लोगों की गंध संवेदनशीलता कम हो जाती है। इसे कैसे सँभाला जाए? इसका सीधा समाधान यह है कि तेज गंधवाले खाद्य पदार्थों से दूर रहें। कुछ समय के लिए गंध-युक्त खाद्य

पदार्थों का उपयोग बंद कर दें। जैसे—अदरक, लहसुन से दूर रहें।

- समुद्री खाद्य पदार्थों जैसे गंध-युक्त भोजन से दूर रहें।
- गरम मसाले, इलायची, दालचीनी आदि का सेवन न करें।

4. भूख न लगना

भूख न लगने या भारी भोजन करने की क्षमता में कमी की समस्या से निपटने हेतु ऊर्जा से भरपूर, कम मात्रा में तथा हर थोड़े समय पर कुछ-न-कुछ खाते रहें। भोजन की मात्रा कम होने पर अपने आहार में घर में निर्मित अल्पाहार को भी शामिल करें।

- दो भोजन के बीच सूखे, ताजा व नमकीन तथा भुने हुए सूखे मेवे खाएँ।
- अच्छी गुणवत्तावाली ब्रांडेड चॉकलेट खाएँ। यह ऊर्जा का बेहतरीन स्रोत होती हैं।

5. कीमोथेरैपी के कारण हुए कब्ज का प्रबंधन

- अपने आहार में फाइबर से भरपूर खाद्य पदार्थों को शामिल करें।
- **सुबह का नाश्ता :** दूध, ओट्स व चीनी-युक्त मीठा दलिया लें। यह पोषण देने के अलावा कब्ज भी दूर करेगा। इसमें पकाने के दौरान पोषण अनुपूरक (न्यूट्रिशन सप्लीमेंट) मिलाने से पोषण की मात्रा और भी बढ़ जाएगी।
- **खूब पानी पिएँ :** पहले से उबालकर ठंडा किया एवं छना हुआ पानी पिएँ।

6. यदि आप मांस-प्रेमी हैं

- कीमोथेरैपी के दौरान यदि मछली/समुद्री भोजन की गंध सहन न कर सकें तो इनसे दूर रहें।

- लाल मांस न खाएँ, क्योंकि इसे पचाना थोड़ा कठिन होता है और इससे कब्ज भी हो सकता है।
- चिकन खाएँ, लेकिन वह फ्रोजन नहीं बल्कि ताजा कटा और अच्छी तरह पका हुआ होना चाहिए।
- मांसाहारी व्यंजन बनाते समय जैतून के तेल का उपयोग करें। इससे दुर्गंध कम होने के अलावा पोषण भी बढ़ जाएगा।
- यदि प्राकृतिक जैतून का तेल मिल सके तो भोजन पकाने में इसी का उपयोग करें।

7. मुँह सूखना या निगलने में परेशानी

कई बार मुँह सूख जाता है या निगलने में परेशानी होने लगती है—

- नरम, तरल या क्रीम-युक्त आहार खाने का प्रयास करें।
- अम्लीय फल (जैसे अनानास) या मसाले अथवा नमकीन भोजन न खाएँ। इससे आपके मुँह में चुभन का अहसास हो सकता है।
- कठोर टोस्ट या बादाम जैसे कुरकुरे खाद्य पदार्थों से दूर रहें।
- स्ट्रॉ की सहायता से पीने का प्रयास करें।
- संक्रमण से बचाव एवं दंत-क्षरण से बचने के लिए मुँह की स्वच्छता पर विशेष ध्यान दें।
- खाना खाने के बाद किसी सौम्य माउथवॉश का उपयोग करें।

8. मुँह सूखने पर

- भोजन करते समय कोई पेय पदार्थ भी पीते रहें।
- बर्फ की डली चूसें। इससे लार का प्रवाह बढ़ जाएगा।
- भोजन को नरम बनाने के लिए उसमें शोरबा या सॉस, क्रीम या कस्टर्ड का उपयोग करें।

अन्य उपयोगी सुझाव

1. किसी लंबी यात्रा या कहीं काफी देर तक प्रतीक्षा करने या क्लीनिक में प्रतीक्षा के दौरान तरोताजा करनेवाला पेय पदार्थ या थोड़ा अल्पाहार लेते रहें। आपकी जेब में रखी टॉफी भी इसमें सहायता कर सकती है।
2. खाने में सरलता के लिए अपने भोजन के छोटे-छोटे कौर बनाएँ।
3. अपना मुख्य भोजन अपनी सुविधानुसार तय समय पर करें।
4. अपना मनपसंद भोजन खाएँ।
5. ऊर्जा प्रदान करनेवाले पेय पदार्थ लें, जैसे—दूध, जूस, सूप आदि।
6. धीमी गति से खाएँ व पिएँ।
7. भोजन अच्छी तरह चबाकर करें। भोजन से पहले आराम करें। उत्तेजना से भूख प्रभावित हो जाती है।
8. भोजन के बाद आराम करें।
9. अपने परिजनों या मित्रों के साथ भोजन करें। टी.वी. देखते या कुछ पढ़ते हुए भोजन करें। उपचार के दौरान आपकी भूख में सुधार होता जाएगा। जब खा सकें तो डटकर खाएँ।
10. तंबाकू के सेवन से बिल्कुल दूर रहें।

भोजन का संबंध केवल भौतिक तृप्ति से नहीं है। अच्छी तरह खाने से जीवन का अद्‍भुत आनंद प्राप्त होता है, जो अनंत सद्‍भावना व प्रसन्नतापूर्ण संगति में योगदान देता है।

—एल्सा शैपरेली

□

अध्याय-10

अपनी इच्छा सूची बनाएँ

और अंत में, आपके जीवन के वर्ष नहीं बल्कि उन वर्षों की जीवंतता का ही मोल होगा।

—अब्राहम लिंकन

'मैडम, क्या आपके पास अगले महीने की 2 तारीख को समय है?' मार्टिन ने पूछा।

मैंने कहा, 'मुझे देखना पड़ेगा। किंतु क्यों पूछ रहे हो?' मुझे लगा कि हो न हो, उस दिन उसके घर कोई कार्यक्रम होगा।

'उस दिन मेरी खींची गई तसवीरों की प्रदर्शनी है।'

मैंने उससे पूछा, 'तुम कब से तसवीरें खींचने लगे?'

'कोई भी अपने साथ घटी बुरी घटनाओं को श्रेय नहीं देना चाहता। लेकिन कैंसर होने पर मुझे अहसास हुआ कि मेरी वर्तमान सफलता में इस बुरी घटना का भी पूरा योगदान है। मैडम, मैं हमेशा से फोटोग्राफर बनना चाहता था; लेकिन मुझे कभी अवसर नहीं मिला। जब मेरी कीमोथेरैपी आरंभ हुई तो मुझे अपने इस बचपन के सपने को सच बनाने का अवसर मिल गया। अब, जब मेरे पास समय है तो मैं अपने इस सपने को पूरा करना चाहता हूँ। हालाँकि यह समय सीमित ही है।' उसकी आँखें भर आईं। वह एक क्षण रुका और बोला, लेकिन मैं नहीं चाहता कि जाते समय मेरे मन में अपने सपने को पूरा न करने का पछतावा रहे।'

मार्टिन के जाने के बाद मुझे स्वयं को सँभालने में कुछ क्षण लग गए। यह छोटी सी बातचीत करोड़ों शब्दों से अधिक मूल्यवान थी।

हम सभी के लिए जीवन-यात्रा बेहद व्यस्तता भरा मार्ग है। बचपन में भी हम अपने सपने पूरे नहीं कर पाते, क्योंकि हमें अपने माता-पिता व समाज की उम्मीदों पर खरा उतरना होता है। बड़े होने पर हम अपने काम-काज में व्यस्त होकर अपने सपनों को भूल जाते हैं। हमारे सपनों का वह छोटा सा बादल हमारी उत्तरोत्तर जिम्मेदारियों के प्रभामंडल में खो जाता है। और जब वह आंतरिक बालक अपनी जिंदगी जीना चाहता है तो उसपर कैंसर रूपी बिजली गिर जाती है। जरा उन उन्मुक्त व अजीब

चीजों को याद कीजिए, जिन्हें आप हमेशा से करना चाहते थे, लेकिन कभी कर नहीं पाए।

उन कार्यों की सूची बनाएँ, जिन्हें आप हमेशा से करना चाहते थे, लेकिन कभी कर नहीं सके।

1. **संगीत से जुड़ें** : यदि आपको संगीत से प्रेम है और यदि आप में कभी गिटार बजाने या शास्त्रीय संगीत सीखने की इच्छा रही है तो यह उसका सबसे अच्छा समय है। एक तो यह आपको व्यस्त रखेगा, दूसरा संभव है कि इस तरह आप अपना मन-माफिक मुकाम भी हासिल कर सकें। ऐसे होने पर आपके आनंद का पारावार नहीं रहेगा।
2. **खूब यात्राएँ करें** : उन स्थानों की सूची बनाएँ, जहाँ आप जाना चाहते थे, लेकिन जा नहीं सके। अपने परिवार व मित्रों के साथ वहाँ की यात्राओं की योजना बनाएँ।
3. **फोटोग्राफी** : कैमरा उठाएँ और तसवीरें खींचना आरंभ कर दें। यह संभवतः आपको व्यस्त रखनेवाला एक और बेहतरीन शौक है।

ऐसी और भी चीजें हो सकती हैं, जिन्हें आप करना चाहते थे, लेकिन जीवन की व्यस्तताओं के चलते उन्हें कभी कर नहीं सके।

तो अब आप किसकी प्रतीक्षा कर रहे हैं। पेन उठाएँ और अपनी इच्छा सूची तैयार कर लें!

मेरी इच्छा सूची

1. ....
2. ....
3. ....
4. ....
5. ....
6. ....
7. ....
8. ....
9. ....
10. ....

चिड़ियों को देखो। वे नहीं जानतीं कि अगले पल उन्हें क्या करना है। हमें भी इसी तरह प्रत्येक क्षण में जीना चाहिए।

—महात्मा गांधी

□

अध्याय-11

कैंसर के बाद···
जीवन के टुकड़ों को फिर समेटना

मुझे अपना जीवन पुनः पटरी पर लाना होगा; जैसे तनाव के बाद तनाव-मुक्ति और तूफान के बाद शांति।

—सुजैन कोलासैंटी

कितनी बड़ी विडंबना है कि जब मृत्यु के द्वार पर खड़ा था··तभी पहली बार जीवन को जीना आरंभ किया।

—अनूप कुमार

जिन लोगों ने कभी कष्टों का सामना ही नहीं किया, वे संघर्ष में विजयी होने के सुख को नहीं समझ सकते। हमारे समाज में कई लोग यह मानते हैं कि कैंसर का मरीज उपचार के बाद भी संपूर्ण रूप से सामान्य जीवन नहीं व्यतीत कर सकता। मुझे याद आता है कि एक बार शादाब साहब ने मुझसे कहा था कि 'कई वर्ष पहले उपचार के बाद ठीक होने के बावजूद मुझे आज भी अपने सिर पर तलवार-सी टँगी महसूस होती है।' यह कहते हुए उनकी दिखावटी हँसी के पीछे की निराशा को मैं महसूस कर पा रही थी।

उपचार के दौरान कई तरह की बाधाएँ आ सकती हैं। बच्चों की पढ़ाई प्रभावित हो सकती है। आपके रोजगार पर असर पड़ सकता है। आर्थिक समीकरण पूरी तरह गड़बड़ा जाता है। लेकिन हमेशा याद रखिए कि साहस रखेंगे तो परिस्थितियाँ स्वयं ही ठीक हो जाएँगी।

ठीक हो जाने के बाद हर कैंसर रोगी का अपने जीवन को पहले जैसा बनाने का अपना तरीका होता है। अपनी इस यात्रा के दौरान आपने क्या सीखा है, यह पूर्णतः इसी पर निर्भर करता है। कुछ लोग पहले से भी अधिक मजबूत हो जाते हैं, वहीं कुछ अन्य इसके फिर हो जाने के साये में भयभीत जीवन बिताते हैं।

कुछ रोगी अन्य कैंसर-पीड़ितों से मित्रता कर लेते हैं। कुछ लोग इस बीमारी से बच निकलते हैं, वहीं कुछ लोग इतने खुशकिस्मत नहीं होते। याद रखिए, कैंसर का हर रोगी अलग तरह का होता है। इसके भिन्न चरणों पर हर व्यक्ति अलग तरह की प्रतिक्रिया देता है। अपने

किसी परिचित के इस रोग का शिकार बन जाने पर निराश न हों। साथ ही इससे भयभीत होने की भी कोई आवश्यकता नहीं है। इस तथ्य को स्वीकार करें कि प्रत्येक कैंसर रोगी की यात्रा एक जैसी नहीं होती। संभव है कि आपका भाग्य उनके जैसा न हो।

कैंसर के कारण स्वयं को लोगों से अलग-थलग न करें। इससे संघर्ष कर चुके बहुत से लोग मैराथन दौड़ तक जीत चुके हैं। अपने इस सबसे बड़े भय का सामना करने के बाद आप पहले से भी ज्यादा मजबूत हो जाते हैं। परिस्थितिवश सामने आई चुनौतियों का सामना करके ही आम लोग महान् बन जाते हैं।

कैंसर के बाद जीवन संबंधी सुझाव

1. अपनी जाँच करवाने में नियमित रहें। कैलेंडर पर उन तारीखों को चिह्नित करें। डॉक्टर से मिलने के लिए निश्चित दिनों का अलार्म लगाएँ।
2. स्वास्थ्यवर्धक भोजन व नियमित रूप से व्यायाम करें।
3. खुशी के छोटे से पल का भी पूरी तरह से आनंद लें।
4. ध्यान करें, इससे मन शांत होता है।
5. यदि आपके विचारों पर इसके फिर से होने का भय छाया रहता है तो मनोविशेषक की सहायता लें।
6. जीवन में कोई उद्‍देश्य रखें। हमारा जन्म केवल मर जाने के लिए ही नहीं होता, बल्कि हम किसी उद्‍देश्य—उपयोगी उद्‍देश्य—की पूर्ति हेतु जन्म लेते हैं। इसके अतिरिक्त दूसरा विकल्प निरुपयोगी या कम-उपयोगी बनना ही होता है।

याद रखिए, मानवता की सेवा द्वारा हम इस पृथ्वी पर रहने का ऋण चुकाते हैं।

—महात्रिया रा

हम अपने लिए जो कुछ भी करते हैं, वह हमारे साथ ही समाप्त हो जाता है। वहीं हम दूसरों के लिए जो कुछ भी करते हैं, वही हमारी विरासत है।

□

अध्याय-12

आप विशिष्ट हैं

अपने पर संदेह न करें और न ही अपने जीवन का एक भी पल खराब करें। जीवन बहुत छोटा है और आप बहुत विशिष्ट हैं।

—एरियाना ग्रांड

संभव है कि आपकी नजर में आपका कोई मोल न हो, लेकिन किसी के लिए आप उसका पूरा संसार हो सकते हैं। जन्म लेने के बाद हमारी माँ हमें अपनी अनमोल संपत्ति की भाँति संभाल कर रखती हैं। हमारी पहली मुसकान, हमारा पहला शब्द, पहले कदम, हमारी हर बात उनके लिए विशिष्ट होती है। यदि अपने प्रियजनों की बात करें तो हम चाहे जैसे भी हों, उनके लिए हमेशा खास होते हैं। इन सब पर विचार करने पर हम समझ सकते हैं कि हम दूसरों के लिए कितने महत्त्वपूर्ण हैं। मैंने देखा है कि बहुत से रोगी अपने जीवन का कोई मोल नहीं समझते।

एक बार उपासना नाम की एक युवती जाँच के लिए आई। मैंने उसकी कलाई पर कुछ घाव देखे, जो स्वयं किए गए लग रहे थे। जब मैंने उससे उनके बारे में पूछा तो उसने कहा, 'मैम, मैं बहुत परेशान थी, इसलिए मैंने यह किया!' वह अपने इस कृत्य को कितना मामूली समझ रही है, यह देखकर मैं दंग रह गई। जब मैंने पूछा कि तुम्हारे माता-पिता को यह कैसा लगा? तो उसने शर्मिंदा होकर सिर झुका लिया। वो ऐसा करनेवाली एकमात्र रोगी नहीं है। मैंने उसे कुछ और साँसें पाने की आशा की डोर को मजबूती से थामकर जीवन के लिए संघर्ष कर रहे कुछ रोगियों का उदाहरण दिया। मैंने बहुत से पिताओं, माताओं, बहनों, भाइयों और पत्नियों को अपने परिजनों को ठीक करने के लिए रोते व भीख माँगते देखा है।

यदि आपको लगता है कि आप विशिष्ट नहीं हैं तो जरा अपने प्रियजनों की आँखों में झाँककर देखिए और फिर महसूस कीजिए कि आप कितने विशिष्ट हैं। जब आप अपने को कमजोर महसूस करें तो उनमें अपनी शक्ति खोजें। जब आप उदास हों तो अपने प्रियजनों में अपनी प्रसन्नता की तलाश करें। जीवन फूलों का बिछौना कभी नहीं होता, लेकिन हम कम-से-कम इस बिछौने के लिए धन्यवाद तो दे

ही सकते हैं। अपने मित्रों व परिजनों से प्राप्त सहयोग के लिए उनके शुक्रगुजार रहें।

हो सकता है कि जीवन में उदास रहने के दस और खुश रहने का मात्र एक कारण हो। लेकिन यह एक कारण भी अपने आप में बहुत है। आनंद के क्षण छोटे और उदासी के लंबे चलने की पूरी संभावना होती है। हम सबकी यही आदत होती है कि हम अच्छी चीजें भूल जाते हैं और बुरी चीजें याद रखते हैं। कुछ क्षण रुककर सोचें, आप विशिष्ट हैं। आप किसी के लिए उसका पूरा संसार हो सकते हैं।

□

अध्याय-13

परिजनों, संबंधियों व मित्रों के लिए सुझाव

अपने परिवार का प्रेम तथा मित्रों के स्नेह का महत्त्व धन व सुविधाओं से कहीं अधिक बड़ा है।

—चार्ल्स कुराल्ट

जैसा कि नाम से ही स्पष्ट है कि इस अध्याय का उद्देश्य रोगी के मित्रों व परिवार को उनके बारे में तथा उपचार में उनकी सहायता से संबंधित जानकारी देना है। रोगी को आपकी दया की आवश्यकता नहीं है। उसे आपके समर्थन व प्रेम की आवश्यकता है। पीड़ित व्यक्ति इतने अधिक परिवर्तन के दौर से गुजरता है कि उसे अपने इस नए भावनात्मक व भौतिक स्तर को सँभाल पाना मुश्किल हो जाता है।

मुझे लगता है कि परिवार के सदस्यों के लिए अपने परिजन की उस पीड़ा को भोगते देखना उतना ही या संभवतः उससे भी अधिक कठिन होता है। श्री सुकेश का कैंसर का उपचार चल रहा था, लेकिन उनकी पत्नी राजेश्वरी उनसे भी अधिक बीमार लगती थीं। कैंसर के रोगी की देखभाल करना तथा उसे सहायता देना बहुत चुनौतीपूर्ण होने के साथ ही कभी-कभी बहुत निराशाजनक भी हो जाता है।

परिवार के सदस्यों के लिए

1. सहानुभूतिपूर्ण रहें, लेकिन ऐसा बहुत अधिक न करें

आपकी निरंतर सहानुभूति व दयालुता रोगी को परेशान कर सकती है। संभव है कि इसे देखकर वह यह समझने लगे कि वो मरने वाला है या उसके स्वास्थ्य से जुड़ी कोई ऐसी बात है, जो आप उसे बता नहीं रहे। रोगी को करुणापूर्ण भाव-दशा में न लाएँ। रोगी को बार-बार यह याद न दिलाएँ कि वह बीमार है। रोगी की शारीरिक गतिविधियों को पूरी तरह समाप्त कर देना उसे अधिक अवसाद में ले जाएगा।

2. उन्हें अपने आप कार्य करने में सहायता दें

परिवार के लोगों को समझना चाहिए कि उपचार के दौरान रोगी शायद उस तरह काम नहीं कर पाएगा जिस तरह पहले किया करता था। इसलिए उन्हें रोगी की सहायता करनी चाहिए। लेकिन यह उन्हें

उनकी अपनी सहायता करने में सहायता देना होना चाहिए। इस कार्य में सही संतुलन बनाए रखना बहुत आवश्यक है। रोगी स्वयं को अधिक थकाए नहीं, लेकिन साथ ही पूरी तरह दूसरों पर निर्भर भी न हो जाए। याद रखिए, रोगी को आगे बढ़ने के लिए सांत्वना नहीं बल्कि प्रेरणा की आवश्यकता होती है।

3. यदि वे कुछ कहना चाहें तो उनकी बात सुनें

जब भी वे अपनी बीमारी के बारे में बात करें तो यह सोचकर उन्हें चुप न कराएँ या बात का विषय-परिवर्तन न करें कि इसमें उनकी कोई भलाई है। यदि वे अपनी बीमारी के बारे में बात करना चाहें तो उन्हें बोलने दें। सही संतुलन बनाए रखना बहुत आवश्यक है। हमेशा केवल रोग या बीमारी के बारे में बातें न करते रहें। उनसे इस तरह की बातें करें, जिससे उन्हें जीवन में आगे बढ़ने और संघर्ष करने की प्रेरणा मिले। इसके अलावा संगीत व फिल्मों आदि विषयों पर भी बात करें। कैंसर की दुनिया से रहित अन्य विषयों पर बात करना उनके लिए बहुत अच्छा रहेगा।

4. कमजोर मानकर उन्हें नज़रअंदाज न करें

रोगी के आत्मसम्मान के लिए परिवार का एक इकाई के रूप में लगभग सामान्य जीवन-शैली बनाए रखना अत्यधिक आवश्यक है। उन्हें परिवार में उनकी भूमिका से वंचित न करें। परिवार में पहले उनकी जो भी भूमिका थी, उसे वैसा ही रहने दें। केवल चीजों को सरल बनाने में उनकी सहायता करें। यदि वे निर्णय लेनेवालों में थे तो उन्हें परिवार संबंधी सभी निर्णय लेने में शामिल करें। उनके आत्म-सम्मान के लिए यह बहुत आवश्यक है।

5. अधिक सहिष्णु बनें

रोगी व्यक्ति मनोदशा परिवर्तन की पीड़ा झेलने के लिए बाध्य है। इसमें बहुत से अवसाद के क्षण भी आते हैं। अपने को और रोगी को निरंतर याद दिलाते रहें कि "यह भी बीत जाएगा"।

6. उनकी बारंबार सराहना करते रहें

रोगी अपने शरीर व छवि-परिवर्तन की जंग लड़ रहा है। उसपर कठोर टिप्पणियाँ न करें। याद रखें, आपके व उनके रिश्ते में अस्थायी परिवर्तन होने के बाद भी उनके प्रति थोड़े संवेदनशील रहें। निश्चित ही आपसी रिश्ता मजबूत होने से यह परीक्षा की घड़ी बीत जाएगी।

7. सकारात्मक रहें

रोगी अपने अवसाद से जूझ रहा है। इसलिए आप जितना हो सके उतना सकारात्मक अवश्य रहें। सकारात्मक वातावरण से स्वास्थ्य सुधरने में सहायता मिलती है।

8. उनके भोजन का विशेष रूप से ध्यान रखें

वैसे तो स्वस्थ भोजन सभी के लिए आवश्यक है, लेकिन जब परिवार में कोई रोगी हो तो यह और भी अधिक महत्त्वपूर्ण हो जाता है। कीमोथैरेपी व किसी भी अन्य उपचार में कुछ आहार संबंधी प्रतिबंध होते हैं। डॉक्टर के साथ गहन चर्चा द्वारा इन प्रतिबंधों से संबंधी बातें ध्यान रखें। रोगी के लिए भोजन बनाने का काम वह स्वयं कर रहा है या कोई अन्य व्यक्ति, उसके पास यह जानकारी अवश्य होनी चाहिए।

9. उन्हें घर की सीमा तक सीमित न करें

कई बार परिवार के सदस्यों को भय होता है कि रोगी को बाहर ले जाना उसकी थकान या संक्रमण का कारण बन सकता है। संक्रमण के भय के चलते रोगी अकसर घर या उससे भी खराब अपने कमरे की सीमा तक ही सीमित होकर रह जाता है। याद रखें कि रोगी को भी जीवन का आनंद लेने, बाहर जाने और खुली हवा में साँस लेने की आवश्यकता है। उन्हें छोटी यात्राएँ करवाएँ, भले ही कार में घुमा लाएँ। उन्हें खरीदारी के लिए बाजार ले जाएँ; लेकिन यह भीड़भाड़ वाले खुले बाजार नहीं होने चाहिए। रोगी को कार्य-दिवसों पर कम भीड़भाड़ के समय किसी वातानुकूलित मॉल में ले जाना अच्छा रहेगा।

10. साफ-सफाई का ध्यान रखें

घर की साफ-सफाई का विशेष रूप से ध्यान रखना चाहिए। साफ घर सकारात्मक ऊर्जा को आमंत्रित करता है, साथ ही इससे वातावरण भी कीटाणु-रहित हो जाता है।

11. करने तथा न करनेवाले कार्यों की सूची बनाएँ

अपने डॉक्टर के साथ विस्तारपूर्वक बात करके यह सूची तैयार करें। इसे ऐसी जगह रखें कि यह दिखाई देती रहे और इन हिदायतों का पालन भी कर सकें।

□

जैसे ही रोगी में कैंसर की पुष्टि होती है, उससे मिलनेवाले रिश्तेदारों व मित्रों की भीड़ लग जाती है। इसमें सबसे विचलित करनेवाली बात यह होती है कि इस मिलने आने के दौरान उनका रुख सहानुभूति प्रकट करने जैसा होता है। इससे रोगी के मन में यह भावना घर कर जाती है कि उसे कोई असाध्य रोग हो गया है और वह जल्दी ही मरने वाला है। जबकि ऐसा हर व्यक्ति में आवश्यक नहीं है। स्वयं को कैंसर होने के भय से वे रोगी से मिलते समय अपने मुँह पर मास्क लगा लेते हैं। आपको यह समझना होगा कि उन्हें आपकी करुणा की कोई आवश्यकता नहीं और न ही वे मरने वाले हैं। दूर के रिश्तेदार घर आकर पीड़ित के सामने ही रोने-पीटने लगते हैं। कुछ रिश्तेदार केवल उपस्थिति की अनिवार्यता के चलते मिलने आ जाते हैं। जरा विवेक से काम लें। आपके ये कार्य दूसरों के लिए परिस्थितियों को और कठिन बना देते हैं।

दूर के रिश्तेदारों के लिए

1. **स्थिति सुधारने का प्रयास करें, खराब करने का नहीं :** रोगी से मिलने जाने के पूर्व यह जानने का प्रयास करें कि वह वास्तव में भावनात्मक रूप से किसी से मिलने के लिए तैयार भी है या नहीं। काम को बढ़ा-चढ़ाकर करने से अच्छा उसे न करना है। उनसे मिलते समय इस मुलाकात को सांत्वना प्रदान करने की प्रक्रिया जैसा न बनाएँ। इस रोग के बारे में बहुत जानकारी होने पर भी इसपर बात न करें। उनके साथ परिजन, बच्चे, पोते-पोतियों जैसी सकारात्मक चीजों या रोगी के मनपसंद विषय पर बात करें। बाहर घूमने जाने, छोटी यात्राओं आदि की योजना बनाएँ।
2. **यदि संभव हो तो उनकी जिम्मेदारियों में हाथ बँटाएँ :** यदि

आवश्यकता हो तो उनकी दूसरी राय लेने के लिए डॉक्टर या अस्पताल खोजने में सहायता करें।

मित्रों से

1. **उनके परिवार का हिस्सा बनें :** सभी जानते हैं कि मित्रों को परिवार का ही हिस्सा माना जाता है। इस समय आपके मित्र को आपकी आवश्यकता है, इसलिए उससे बातचीत करते रहने को अपनी आदत बना लें। उसके साथ बिताए आनंदपूर्ण क्षणों को फिर याद करें, जिससे आपका मित्र अपनी तात्कालिक कष्टकारक परिस्थिति को भूल सके।
2. **उसका सहारा बनें :** उपचार के बाद रोगी के लिए पुनर्वास का कार्य सरल नहीं होता। कुछ में शारीरिक विरूपता आ जाती है तो कुछ अपना आत्म-सम्मान खो बैठते हैं। उन्हें फिर से अपने पैरों पर खड़ा होने का आत्मविश्वास व शक्ति हासिल करने में सहायता करें। आप भौतिक रूप से नहीं, लेकिन भावनात्मक रूप से अपने मित्र के लिए उपचारात्मक ओषधि अवश्य बन सकते हैं।
3. **साथ खड़े हों :** इस समय आपके मित्र को आपकी सहायता की सबसे अधिक आवश्यकता होती है, इसलिए हमेशा उनके साथ खड़े रहें। संभव है कि वे अपने परिवार के सामने न रो सकते हों; लेकिन वे आपके समक्ष ऐसा कर सकेंगे। उनकी जरूरतों को पहचानें। उनके साथ घूमने जाने के लिए उचित स्थान खोजें। उन्हें नकली बाल खरीदने में मदद दें। उन्हें प्रफुल्लित रखें और सबसे बढ़कर उनकी सहायता के लिए उनके साथ खड़े रहें।

□

कुछ कैंसर योद्धाओं की प्रेरक कहानियाँ···वह आम लोग, जो खास बन गए!

पहली योद्धा

श्रीमती स्नेहा राउत्रे

रोग निदान–2014

पेशा : आर्किटेक्ट

वर्ष 2014 का वह बेहद खूबसूरत लम्हा, जब मैं अपने पति व बेटी के साथ मॉरीशस व मेडागास्कर जैसे देशों की रमणीय वनस्पति व जीव-जंतुओं को देखने गई थी। हमने प्रेमपूर्ण व आकर्षक परिवार के रूप में इस यात्रा का आनंद लिया। घर वापस लौटने के कुछ ही दिनों बाद मुझे अपने दाएँ स्तन के ऊपरी हिस्से में एक गाँठ-सी अनुभव हुई। मैंने इसे सामान्य रूप में लेते हुए जल्द ही ठीक हो जाने का सोचकर अधिक गंभीरता से नहीं लिया। वहीं कुछ झिझकते हुए मैंने अपने पति को इस बारे में बताया। वे कैसी भी चिकित्सीय परिस्थिति में बिना देरी किए कदम उठानेवालों में से हैं। मेरे पति भारत सरकार के स्वास्थ्य एवं परिवार कल्याण मंत्रालय में काम करते हैं। इस कारण उन्हें इस तरह किसी भी ऊतक के असामान्य उभार के बारे में जानकारी थी। वे मुझे उसी समय प्रारंभिक जाँच के लिए ले गए।

मेरा नाम स्नेहा राउत्रे है। 24 जून, 2014 को हम डॉक्टर के कहे अनुसार तुरंत बायोप्सी जाँच के लिए पहुँच गए। वहाँ हम बेहद व्यग्रता, लेकिन धैर्य सहित प्रतीक्षा करने लगे। थोड़ी ही देर में रिपोर्ट आ गई। वो सकारात्मक थी। मुझे स्तन कैंसर था। उसे देखकर मेरा दिल डूबने-सा लगा। ये स्वीकार करने योग्य नहीं था। मैं बिल्कुल स्वस्थ थी और कुछ दिनों पहले तक इस बीमारी के कोई लक्षण नहीं थे। वह डॉक्टर के क्लीनिक से घर का सफर मुझे आज भी स्पष्ट याद है। मेरे पति व मैं कार में पिछली सीट पर बैठे थे तथा आगे ड्राइवर के साथ हमारा अंगरक्षक बैठा था। हम सबके बीच एक अजीब सी चुप्पी पसर गई थी। उस समय हम दोनों गहरे सदमे में थे। घर लौटने के दौरान पूरा समय हम दोनों में से कोई कुछ नहीं बोला। यद्यपि बातचीत के लिए बहुत कुछ था। लेकिन यह पहली बार था कि हमें यह अहसास हो रहा था कि हमें अपने पारदर्शी सामाजिक जीवन से कुछ छिपाना होगा। हम दोनों एक-दूसरे का हाथ थामे चुपचाप सुबक रहे थे। वह घड़ी बिताए नहीं

बीत रही थी। हम इस निदान के बारे में किसी से कोई बात नहीं करना चाहते थे। इस चिंता व भय ने हमारे भविष्य को आगोश में लेते हुए हमारे जीवन को झटका-सा दे दिया था। यह हमारी परीक्षा की घड़ी थी।

कुछ बेचैनी भरी चर्चाओं के पश्चात् हमने सर्जरी के लिए मुंबई जाने का फैसला किया। 3 जुलाई को सौम्या आयुर्विहार में वरिष्ठ ऑनकोलॉजिस्ट ने मेरी सर्जरी कर दी। सर्जरी से पहले हम साईं बाबा के मंदिर गए। वहाँ मैंने भरे दिल से अपने लिए आगे स्वस्थ व शांत जीवन अथवा ऑपरेशन के दौरान ही शांतिपूर्ण मृत्यु के लिए प्रार्थना की। मैं उन्माद जैसी अवस्था में थी। ऑपरेशन कक्ष में प्रविष्ट होते समय मैं बहुत-बहुत डरी हुई थी। मेरे मन में एक-एक कर हर तरह के असंख्य विचार आ रहे थे। मैंने अपने को पीड़ा पहुँचानेवाले प्रत्येक व्यक्ति को क्षमा कर दिया। मैंने अपनी छोटी-बड़ी सभी गलतियों के लिए ईश्वर से क्षमा माँगी। मुझे लग रहा था जैसे आज मेरा अंतिम दिन है। मैं अपने जीवन में जितने भी लोगों से मिली थी, उन सबके चेहरे एक-एक कर मेरी आँखों के सामने आ रहे थे। मुझे अपने दादा व दादी के चेहरे भी याद आने लगे। और फिर समय आ गया। ऑपरेशन 5 घंटों तक चला और इसमें उस घातक गाँठ को सफलतापूर्वक निकाल दिया गया। हालाँकि मेरे लिए यह सब बहुत कठिन रहा, लेकिन गाँठ के निकलने से हम सब संतुष्ट थे। यह डक्टल कार्सिनोमा था। हमें यह सुनकर बहुत संतोष हुआ कि यह अभी प्रारंभिक चरण में ही था। तत्पश्चात् उसके प्रसार होने या न होने की जाँच की गई। मेरा पूरा परिवार, मेरे भाई, बहन, माता-पिता, सास-श्वसुर व देवर सभी मेरे साथ खड़े रहकर मेरी शक्ति का स्रोत बने रहे। लेकिन हम सब अभी भी तनाव में थे; क्योंकि इसी रिपोर्ट के आधार पर आगे कीमोथैरैपी व रेडिएशन का कार्यक्रम संबंधी निर्णय लेना था। मैं इसके लिए तैयार नहीं थी, बल्कि कीमोथैरैपी को लेकर तो मेरे मन में विशेष डर था, क्योंकि इस प्रक्रिया के संबंध में काफी कुछ

पढ़ने के बाद इस प्रक्रिया में होनेवाले दर्द से मैं पूरी तरह परिचित थी। अंततः रिपोर्ट आ गई और डॉक्टर ने मुझे कीमोथेरैपी व टार्गेट थेरैपी करवाने की सलाह दी। उन्होंने मुझे एक बहुत वरिष्ठ ऑनकोलॉजिस्ट के पास भेजा, जिनकी सलाह मेरे लिए चमत्कारिक साबित हुई। मैंने यूट्यूब पर युवराज सिंह के बहुत से वीडियो देखे और कैंसर से जुड़े कुछ लेख भी पढ़े। मेरी जानकारी जितनी अधिक बढ़ती गई, कैंसर से जंग लड़ने का मेरा भय उतना ही कम होता गया। मेरी मुलाकात डॉ. मीनू वालिया से हुई और उन्होंने मेरा उपचार आरंभ कर दिया। मेरा यह जीवन उन्हीं की देन है।

उस समय मेरी प्यारी बेटी किंजल केवल 5 वर्ष की थी। इन सब परेशानियों के कारण उसकी पढ़ाई बुरी तरह प्रभावित होने लगी। उन दिनों उसके माता-पिता उसके पास नहीं रह पाते थे। मेरे लिए किंजल जैसे अद्भुत बच्चे की माँ होना बहुत भाग्य की बात है, क्योंकि कैंसर क्या है, यह न जानते हुए भी वह यह समझ गई थी कि उसकी माँ के साथ कुछ गड़बड़ अवश्य है। मेरी कीमोथेरैपी कामयाब रही। मेरे माता-पिता व डॉक्टरों ने मेरा पूरा साथ दिया। मैं कीमोथेरैपी के दुष्प्रभावों से भी उबर गई। तब हम सबको अहसास हुआ कि कैंसर की शीघ्र जाँच व सही समय पर उपचार ने मेरी जिंदगी बढ़ा दी थी। वास्तव में, यह मेरा दूसरा जीवन था। इसके बाद मैंने अपने भीतर बहुत से सकारात्मक बदलाव महसूस किए। आज मेरी अंतरात्मा जितनी सुंदर है उतनी पहले कभी नहीं थी।

कैंसर आपकी जिंदगी बदल देता है और ऐसा प्रायः सकारात्मक रूप से होता है। कैंसर क्या करता है ? यह आपको अपनी प्राथमिकताओं के प्रति और अधिक केंद्रित होने के लिए बाध्य कर देता है और तब आप वह सबक सीखते हैं, जो सचमुच महत्त्वपूर्ण है। कहने का तात्पर्य यह कि अब मैं छोटी-छोटी बातों की परवाह नहीं करती। पहले मैं

टैक्सी चालकों पर अकसर क्रोधित हो जाती थी; जबकि इसकी कोई आवश्यकता नहीं थी। ऐसे में जब कोई कहता है कि आपको कैंसर है, तो आपको उन बातों की व्यर्थता का अहसास हो जाता है। हालाँकि मैं यह भी कहती हूँ कि इसमें कुछ बुराइयाँ भी हैं। यदि इसमें कोई बुराई नहीं होती तो सभी लोग इसके आकांक्षी होते। इसके कुछ नुकसान भी हैं।

कीमोथैरेपी के दौरान आपको सामान्य से अधिक थकावट रहती है। यह कुछ ऐसा होता है कि मानो ऊर्जा के सूर्य के आगे बादल आ गए हों। आप अचानक थक जाते हैं। जब दरवाजे पर कोई सामान पहुँचाने आता है तो आप वहाँ तक जाने की हिम्मत नहीं जुटा पाते। लेकिन इसके साथ ही आपको यह भी अहसास होता है कि आप पहले से अधिक मजबूत हो गए हैं। सब स्पष्ट हो जाता है। आपकी मृत्यु हाथ भर की दूरी पर होती है। वह इतना निकट नहीं होती कि आपको पूरी तरह अपने बस में कर ले। हाँ, इतनी निकट अवश्य होती है कि आप में गहन बोध उत्पन्न कर सके।

इस गड़बड़ी के बाद अब सब स्थिर हो गया है। हमारी संस्था 'ग्रामीण स्नेह फाउंडेशन' कैंसर संबंधी मामलों में जागरूकता फैलाने का कार्य कर रही है। ग्रामीण स्नेह फाउंडेशन ने वर्ष 2009 में स्वास्थ्य, शिक्षा व सामाजिक कार्यों से जुड़े बहुत से कार्यक्रमों की शुरुआत की, जो भारत के बिहार, उड़ीसा व दिल्ली-एन.सी.आर. जैसे तीन राज्यों में स्वास्थ्य, शिक्षा तथा बाल-शिक्षा जैसे सुधार कार्यों में रत है। आज सात वर्ष बाद इस फाउंडेशन ने ऐसे वैयक्तिक नेटवर्क का रूप ले लिया है, जो राष्ट्रीय व राज्य स्तरीय सुधार परियोजनाओं द्वारा त्वरित सामुदायिक शैक्षिक क्रिया द्वारा बच्चों एवं उनके पारिवारिक जीवन में सुधार कर रही है। आज यह संस्था भारत के तीन शहरों—दिल्ली, उड़ीसा व बिहार में काम कर रही है। जल्द ही यह संस्था स्वस्थ व रोग-मुक्त भारत बनाने के लिए भारत में अन्य स्थानों पर भी कार्य करना आरंभ कर देगी।

ग्रामीण स्नेह फाउंडेशन का कैंसर जागरूकता कार्यक्रम भारत के सभी कैंसर रोगियों को समर्पित है। इसका उद्‌देश्य स्वस्थ व रोग-मुक्त जीवन यात्रा के प्रबंधन व सुरक्षा हेतु स्वयं अपनी देखरेख व उपशामक देखभाल के अहसास से ज़ुड़ी जागरूकता प्रदान करने की शृंखला का सृजन करना है। चलिए, हम सब साथ मिलकर अपने प्रियजनों को इस भयानक लेकिन उपचारात्मक बीमारी की रोकथाम तथा कैंसर के बेहतरीन उपचार के प्रति एक नवीन व समयोचित संवेदनात्मक जागरूकता की लहर की प्रेरणा व प्रोत्साहन प्रदान करें। हमारा यह छोटा सा प्रयास किसी के अनमोल जीवन को बचा सकता है। इसलिए मित्रो, कैंसर के विरुद्ध इस जंग में हम सब साथ मिलकर एक शानदार कैंसर जागरूकता कार्यक्रम की शुरुआत करेंगे।

मैं इस संदेश को सभी तक पहुँचा देना चाहती हूँ। जब कभी मैं स्वयं से पूछती हूँ कि मैं ही क्यों, तो मुझे उत्तर मिलता है कि यह किसी के भी साथ हो सकता है। यह पूर्णत: आपकी जीवन-शैली पर निर्भर करता है। हम इसे एक दुर्घटना जैसा मान सकते हैं। जब कभी मैं ईश्वर से पूछती हूँ कि उन्होंने मुझे यह बीमारी क्यों दी, तो इसका उत्तर आता है कि इस तरह मैं अपने जीवन को एक स्तर आगे ले गई हूँ। यह अगला स्तर क्या है?

अगला स्तर यह है कि अब मैं बिहार के ग्रामीण क्षेत्रों में कैंसर जागरूकता कार्यक्रमों तथा स्वास्थ्य की जाँच कैंपों का आयोजन कर रही हूँ। कई बार परीक्षण के लिए आनेवाले लोगों की संख्या 3,000 से भी अधिक हो जाती है। इन कैंपों के आयोजन में 25 से 30 लोगों की टीम कार्य करती है, जिसमें डॉक्टर व स्वैच्छिक सहायक शामिल रहते हैं। प्रत्येक कैंप में 6 से 8 कैंसर निदान होते हैं। हम उन्हें उपचार उपलब्ध करवाने का भरसक प्रयास करते हैं। हमें ऐसी बहुत सी महिलाएँ मिलती हैं, जो कैंसर के तीसरे चरण पर होने के बावजूद इससे अनजान रहती हैं।

उन्हें किसी भी तरह की सहायता प्रदान करने में मुझे गौरव की अनुभूति होती है। यह करने में मुझे जो खुशी हासिल होती है, उसे शब्दों में बयान नहीं किया जा सकता। मेरे लिए यही जीवन का अगला स्तर है।

10 अक्तूबर, 2015 को आयोजित होनेवाले हमारे कैंसर जागरूकता कार्यक्रम में आमंत्रित करने के संदर्भ में मैं पूर्व राष्ट्रपति डॉ. ए.पी.जे. अब्दुल कलाम से मिली थी।

दुर्भाग्यवश, वे अब हमारे बीच नहीं हैं। परंतु तब 8 जून, 2015 उन्होंने मुझे आशीर्वाद देते हुए कहा था—''प्रत्येक व्यक्ति को किसी-न-किसी तरह की समस्या है। वह आर्थिक, सामाजिक या शारीरिक किसी भी तरह की हो सकती है। इस समस्या को हराकर विजेता बनकर उभरें। प्रत्येक व्यक्ति केवल लेना चाहता है, इसी कारण सारा संसार कष्ट उठा रहा है। आप समाज को कुछ दे रही हैं, इसलिए आप सबसे सुखी व्यक्ति हैं। जब ईश्वर आपके साथ हैं तो कोई आपका कुछ नहीं बिगाड़ सकता। मेरा आशीर्वाद आपके साथ हमेशा रहेगा।'' (8 जून, 2015)

यह मेरे जीवन का सबसे गौरवपूर्ण क्षण था। मैं यह कार्य अपनी अंतरात्मा से कर रही हूँ और अपने जीवन के अंतिम दिन तक मैं इसी तरह समाज-सेवा का कार्य करती रहूँगी। इन कार्यों से मेरा शरीर व आत्मा स्वस्थ हो गए हैं। मैंने कैंसर को मात देने के लिए लोगों की सेवा का मार्ग चुना। इस तरह मैं कह सकती हूँ कि कैंसर मेरे लिए ईश्वरीय आशीर्वाद साबित हुआ। इसने मुझे अधिक उत्तम व व्यापक दृष्टिकोण वाला बेहतर इन्सान बना दिया है। अब मैं अपना ध्यान रखते हुए स्वस्थ जीवन-शैली का पालन करती हूँ। मैं जानती हूँ कि मैं ही अपने परिवार की रीढ़ हूँ, इसलिए मैंने स्वयं को पहले से कहीं अधिक मजबूत बनाने का निर्णय ले लिया है।

इसलिए मेरे मित्रो, मजबूत बनें, मेरी तरह साहसी बनें और अपने आपसे कहें कि कैंसर का उपचार संभव है। मैं जानती हूँ कि यह रोग

बेहद कष्टदायक है, जो आपको जीवन परिवर्तित करनेवाले नकारात्मक विचारों से भर देता है। लेकिन मैंने पूरे साहस के साथ इस समस्या का सामना किया, जिसके बाद अब मुझे जीवन भर के लिए जीवन परिवर्तन करनेवाला दृष्टिकोण एवं मानवीय संवेदना के प्रति भावनात्मक अनुभूति उत्पन्न हो गई है।

इसलिए बतौर कैंसर मॉडल मेरा पूरी तरह मानना है कि खुशियों को अपने जीवन व समाज का हिस्सा बना लेने से हम कठिन-से-कठिन मार्ग पर भी संतुलित रहते हुए आगे बढ़ सकते हैं।

—स्नेहा राउत्रे

दूसरा योद्धा

श्री प्रमोद गोयल

रोग निदान : 2005

पेशा : व्यापार

प्रिय मित्रो नमस्कार।

आज मैं अपने जीवन के कुछ कठिन लम्हों को आपके साथ बाँटना चाहता हूँ। मेरा नाम प्रमोद गोयल है और मैं 61 वर्ष का हूँ। मैंने मेकैनिकल इंजीनियरिंग करने के बाद 23 वर्ष तक गोदरेज व बॉयस कंपनियों में कर्मचारी से लेकर क्षेत्रीय प्रबंधक तक के पद पर काम किया है। वर्ष 2003 में मैंने लाभ ज्वैलर्स नामक ब्रांडेड शोरूम द्वारा बतौर आभूषण व्यापारी अपने व्यापारिक जीवन की शुरुआत की।

यह विस्मयकारी घटना वर्ष 2005 में तब घटी, जब मैं अपनी नियमित जाँच के लिए अपोलो अस्पताल गया। वहाँ रिपोर्ट में मुझे पेट का कैंसर होने की संभावना व्यक्त की गई। मैं व मेरा छोटा सा बेटा हम दोनों ऑनकोलॉजी विभाग के सामने भौंचक्के व चकित-से खड़े थे। हमें अस्पताल की रिपोर्ट पर भरोसा नहीं हुआ। हमें यह मजाक-सा लगा। अपने सभी परिचितों से इस संबंध में सलाह करने के बाद हम विशेषज्ञों की सलाह लेने के लिए रॉकलैंड, राजीव गांधी कैंसर इंस्टीट्यूट व धर्मशिला अस्पताल जैसे कई अस्पतालों में गए।

अंत में हमारी मुलाकात धर्मशिला अस्पताल में डॉ. मीनू वालिया से हुई। उन्होंने हमें पूरी संवेदना व व्यवस्थित ढंग से आगे की जाँच और यदि जरूरत पड़ी तो उपचार के बारे में समझाया। अगले 10 दिनों में पुष्टि हो गई कि हाँ, मुझे कैंसर है। यह पेट का नॉन-हॉजकिंस लिंफोमा था।

इसके बाद जीवन बेहद दु:खदायी और जैसे थम-सा गया था। पूरा परिवार निराशा में डूब गया। लेकिन मेरी पत्नी ने इस चुनौती का पूरे साहस के साथ सामना किया। उपचार शुरू करते समय डॉक्टर मीनू वालिया ने हमारी हिम्मत बँधाई।

जैसा कि आप सब जानते हैं कि कैंसर का उपचार धन व समय दोनों ही पैमाने पर बहुत मुश्किल होता है। मैंने उपचार के विभिन्न चरणों का बेहद कष्ट व साहस के साथ सामना किया। लेकिन मैंने कभी

भी उम्मीद नहीं छोड़ी। मैं अपने परिवार के सदस्यों, सभी प्रियजनों के आशीर्वाद तथा धर्मशिला अस्पताल के डॉक्टरों का उनकी बिना शर्त सहायता के लिए कृतज्ञ हूँ।

मेरा उपचार 08 माह में पूरा हुआ, जिसके बाद मुझे स्वस्थ व रोग-मुक्त घोषित कर दिया गया।

आज वर्ष 2015 में यह सारी घटना एक बुरे सपने जैसी लगती है और मैं अपने पारिवारिक व सामाजिक जीवन का भरपूर आनंद ले रहा हूँ। निजी तौर पर सभी कैंसर रोगियों के लिए मेरी यही सलाह व सिफारिश है कि उचित उपचार लेते हुए इस बीमारी से लड़ें और डॉक्टरों के परामर्श का पालन करें।

मैं अपनी डॉक्टर व मित्र डॉ. मीनू वालिया का उपचार के दौरान तथा उसके बाद भी उनकी सहायता के लिए हमेशा आभारी रहूँगा। उनका मेरी डॉक्टर होना मेरे लिए बहुत सौभाग्य की बात रही।

उन्हें बहुत-बहुत धन्यवाद।

सादर

—प्रमोद गोयल

तीसरी योद्धा

श्रीमती उषा नारायण

रोग निदान : 2006

जी हाँ, कैंसर का उपचार संभव है।

मैं उषा नारायण, उम्र 76 वर्ष है। पहले इस भयानक रोग से पीड़ित थी, लेकिन आज मैं पूरी तरह रोग मुक्त हूँ।

जुलाई 2006 में मेरा कैंसर रोगी के तौर पर निदान हुआ। मेरे दोनों पुत्रों ने मेरा ऑपरेशन हो जाने तक इस राज को मुझसे छिपाए रखा। डॉक्टरों की टीम द्वारा सभी आवश्यक परीक्षणों व जाँच के बाद डॉ. उमा राय ने मेरा ऑपरेशन किया, जिसमें मेरा गर्भाशय व संक्रमित अंडाशय निकाल दिया गया। ऑपरेशन के बाद आई.सी.यू. में मुझे इस रोग की सूचना दी गई।

ऑपरेशन के बाद घाव ठीक होने के दौरान ही मुझे आगे परामर्श के लिए किसी ऑनकोलॉजिस्ट से मिलने की सलाह दी गई। हमने सलाह व उपचार के लिए डॉ. मीनू वालिया से संपर्क किया। उन्होंने मुझे कीमोथैरेपी करवाने की सलाह दी और मैंने उनकी देखरेख में उपचार लेना आरंभ कर दिया।

दुर्भाग्यवश, कीमोथैरेपी शुरू करने के एक वर्ष के भीतर ही मेरी रीढ़ की हड्डी में फ्रैक्चर हो गया। इसके बाद कीमोथैरेपी के साथ ही रीढ़ के फ्रैक्चर का दीर्घकालीन उपचार आरंभ हो गया। अंततः मैं ठीक हो गई। कीमोथैरेपी के कुछ ही माह पश्चात् मेरा हार्निया का भी ऑपरेशन हुआ।

मेरे जीवन के इस कठिन दौर में मेरे पति, मेरी पुत्री एवं मेरे दोनों पुत्रों तथा उनके परिवारों ने मेरी बहुत सहायता की और मेरा साहस बढ़ाया। उन्होंने कभी भी मुझे कैंसर रोगी होने का अहसास नहीं कराया, बल्कि वे मुझे अपनी तरह रोग-मुक्त व सामान्य व्यक्ति ही मानते रहे। पहले मुझे उनपर विश्वास नहीं था, लेकिन बाद में ईश्वर की कृपा से कैंसर के प्रति मेरा भय व वर्जना दूर हो गए। मैंने कैंसर के विरुद्ध इस जंग के लिए अपनी इच्छा-शक्ति को मजबूत कर लिया। अपने परिवार के सदस्यों के समर्थन से मैंने अपने दर्द को काबू करते हुए सदा मुसकराती

रही और स्वयं को हमेशा सक्रिय रखा।

कीमोथैरेपी के उपचार के दौरान पूरा समय मैं स्वयं चलकर अस्पताल जाती थी। मैंने कभी भी अपने आपको व्हील चेयर का मोहताज नहीं बनाया। आज भी अपने सभी दैनिक कार्य मैं स्वयं ही करती हूँ, बिल्कुल उसी तरह जैसे उपचार से पहले किया करती थी।

मैं अपने डॉक्टर डॉ. राजीव मोटयानी, पारिवारिक चिकित्सक डॉ. उमा राय, डॉ. ए.पी.एस. बेदी तथा डॉ. मीनू वालिया की आभारी हूँ, जिन्होंने मुझे निर्देश दिए और मेरा उपचार किया। मेरा यह जीवन उन्हीं की देन है।

मैं कैंसर के विरुद्ध अपनी इस लड़ाई में अपनी इच्छा-शक्ति तथा जीवन के प्रति सकारात्मक दृष्टिकोण के बल पर ही विजयी हो सकी।

—उषा नारायण

चौथी योद्धा

श्रीमती निधि अग्रवाल

रोग निदान : 2014

BLISS : 'ब्यूटिफाइंग लाइव्स स्ट्रेंथनिंग सोल्स' मेरे व मेरे पुत्र आयुष अग्रवाल के दिमाग की उपज है।

वर्ष 2014 में संयोगवश मेरे कैंसर की जानकारी प्राप्त हो गई। अन्य लोगों की तरह मुझमें भी इसके कोई लक्षण दिखाई नहीं दे रहे थे। एक दिन मैंने स्वयं अपनी जाँच की और बस, यूँ ही मुझमें स्तन कैंसर की पुष्टि हो गई। शुरुआत में यह एक झटका व भयभीत करनेवाली भावना थी। लेकिन जल्दी ही इस भय का स्थान काररवाई ने ले लिया। मैंने इस तथ्य को स्वीकार कर लिया कि मुझे कैंसर है। मैं जानती थी कि इस बीमारी को हराने के लिए मुझे इस संबंध में शीघ्रतापूर्वक काररवाई करनी होगी। निदान के एक सप्ताह के भीतर ही मैंने मैस्टेकटॉमी (सर्जरी द्वारा स्तन निकलवाना) तथा रिकंसट्रक्टिव (पुनर्रचना) सर्जरी करवा ली। मेरा दर्द के साथ भीषण संघर्ष हुआ; लेकिन इस दौरान मैं पूरी तरह से सकारात्मक रहते हुए शीघ्र स्वास्थ्य लाभ करती रही। तत्पश्चात् कीमोथेरैपी का कष्टप्रद व अत्यंत पीड़ादायी दौर आरंभ हुआ। यह उपचार मेरे व मेरे परिवार के लिए शारीरिक व भावनात्मक रूप से बहुत तनावपूर्ण रहा। शारीरिक परिवर्तन, अत्यधिक थकान व निरंतर दर्द को सहन करना मेरे लिए रोज की बात हो गई। बाल गिरना, त्वचा की बनावट में परिवर्तन, नाखूनों का बदरंग होना और वजन बढ़ना वे अन्य बातें थीं, जिनका मैंने सामना किया। मेरे ये शारीरिक परिवर्तन अब दिखाई देने लगे थे। मैं समझ गई थी कि इनका समाधान इन्हें स्वीकार कर लेना ही है।

मेरी कीमोथेरैपी मैक्स अस्पताल में हुई थी। मैक्स अस्पताल में ही मुझे कैंसर सपोर्ट ग्रुप के बारे में पता चला। यह अपने आप में ही प्रेरणादायक बात थी कि मैं अब कैंसर-पीड़ित नहीं बल्कि कैंसर सरवाइवर (उत्तरजीवी) थी। वहाँ मेरी मुलाकात डॉ. गीता, डॉ. विनीता, डॉ. मीनू, डॉ. रणदीप जैसे बहुत से प्रेरणादायक व प्रतिभाशाली डॉक्टरों से हुई और मैंने वहाँ कई गहरे मित्र भी बनाए। गुरुवार को होनेवाली बैठकों में

बेहद दिलचस्प चर्चाएँ होतीं। वे सभी मनोरंजक क्रियाएँ जाने-अनजाने मेरे जीवन का अटूट हिस्सा बन गईं। इससे बीमारी के साथ मेरा संघर्ष और भी आसान हो गया। मैक्स अस्पताल के स्तन कैंसर रोगियों के ग्रुप से जुड़ने के बाद मुझे ऐसा लगा जैसे मुझे अपना मकसद मिल गया है। कैंसर सरवाइवर होने से मैं एक सेलिब्रिटी के जैसी हो गई थी। इससे मेरे चरित्र में आत्मविश्वास की मात्रा बढ़ गई। कैंसर को मैंने अपनी निजी जीवन-शैली बना लिया। इस रोग के बारे में पर्याप्त जानकारी होने से मुझे इस आघात को झेल रहे अन्य लोगों की सहायता करने की अपनी क्षमता व आस्था पर और अधिक विश्वास जम गया। जीवन के इस भग्नावशेष के दूर से निरीक्षण के बाद मुझे इसके सभी टुकड़े जोड़कर एक बार फिर से नई शुरुआत करने की शक्ति प्राप्त हो गई। बारंबार अस्पताल आने-जाने से मुझे व मेरे बेटे को अहसास हुआ कि कैंसर का उपचार करवा रही महिलाएँ बेहद निराश व भयभीत होती हैं। उनमें प्रेरणा का सर्वथा अभाव होने के अतिरिक्त अच्छा दिखने की चाह सिरे से ही गायब हो जाती है। मैंने उनकी सहायता करने का निर्णय लिया। मैंने प्रसाधन उद्योग से जुड़े अपने अनुभव व ज्ञान का लाभ लेते हुए स्तन कैंसर उत्तरजीवितों को अच्छा दिखने तथा बेहतर महसूस करने के लिए प्रेरित करना आरंभ कर दिया। यहीं से ब्लिस (BLISS) की उत्पत्ति हुई।

मैं कठिन समय में मेरी सहायता करनेवाले अपने परिवार, मित्रों व सबसे अधिक मैक्स अस्पताल के सदस्यों को धन्यवाद देती हूँ। मुझे उम्मीद है कि मैं अपने इस कार्य में सफल रहूँगी और अपने जैसे बहुत से उत्तरजीवितों के हृदय तक पहुँच सकूँगी।

सादर धन्यवाद।

—निधि अग्रवाल

पाँचवीं योद्धा

श्रीमती लीला जोशी

रोग निदान : 2015

भोर व संध्या···

दिन की तरह जीवन के दो और पहलू होते हैं—भोर व संध्या और ये अचानक कभी भी पलट सकते हैं। जैसे भोर में निहित सूर्य का प्रकाश हमारे जीवन को नई आशाओं व उत्साह से भर देता है, उसी तरह संध्या की शांति और अंधकार मानसिक व शारीरिक संताप बनकर हमें कष्ट देता है।

मैं जब भी कभी जीवन में निभाई गई अपनी भूमिकाओं को याद करती हूँ तो मुझे गर्व, संतोष व आनंद की अनुभूति होती है। अपने माता-पिता के लाड़-प्यार और अत्यधिक मोहब्बत से भरी बेटी से लेकर अपने पति की जिम्मेदारी, पत्नी व अपनी बेटियों की माँ तथा मित्र की सभी भूमिकाओं में मैंने हमेशा अपने परिजनों के जीवन को आनंद व प्रेम से परिपूर्ण करने का प्रयास किया है। समय बीतने के साथ ही नए रिश्ते बनते गए और अपने नातियों के साथ मैं एक बार फिर अपने बचपन में पहुँच गई।

जीवन की नाव खेते हुए मुझे अहसास ही नहीं हुआ कि कब कैंसर ने संध्या के रूप में मेरे जीवन के प्रकाश को धुँधला कर दिया है। 'कैंसर' शब्द मात्र ने ही मेरे भरोसे व निष्ठा को हिलाकर रख दिया। मेरी दुनिया मेरे सामने ही तबाह होने जा रही थी।

दिसंबर 2014 से ही मेरे पेट में दर्द रहने लगा था। अहमदाबाद में अचानक एक दिन मुझे पेट में भयानक दर्द होने के चलते अस्पताल में दाखिल होना पड़ा। कई परीक्षणों के बाद एंडोमेट्रियल कैंसर जैसे भयानक रोग की पुष्टि हुई, जो दुर्भाग्यवश पूरे पेट में फैल चुका था।

दिल्ली में बेहतर सुविधाएँ होने से मेरे परिवार ने दिल्ली के मैक्स अस्पताल के ऑनकोलॉजी विभाग की प्रतिष्ठा सुनकर वहीं मेरा इलाज करवाने का निर्णय लिया।

11 फरवरी, 2015 को डॉ. मीनू वालिया ने मेरा उपचार आरंभ कर दिया। पहली कीमोथेरैपी पर मेरे शरीर ने नकारात्मक प्रतिक्रिया दी। मुझे लगा कि यह मेरे जीवन का अंत है और अब सबको अलविदा कहने का समय आ गया है। लेकिन डॉक्टरों की टीम और नर्सिंग स्टाफ की सक्रियता व निपुणता की सहायता से मैं इस अंत से बच निकली।

अब तक मेरे कीमोथेरैपी के सात चक्र हो चुके हैं। प्रत्येक चक्र में तीन बैठकें होती हैं। इस दर्द व कष्ट ने मुझे और भी मजबूत बना दिया है। अब मैं कीमोथेरैपी के स्थान पर दवाइयों के उपचार तक पहुँच गई हूँ और एक रोगी के रूप में स्वयं को अधिक बेहतर व आशान्वित महसूस कर रही हूँ।

अब मुझे पूरा विश्वास है कि विज्ञान व प्रौद्योगिकी में हुई उन्नति से मेरे जैसे रोग-पीड़ितों की जीवन-रक्षा हेतु कोई बेहतरीन समाधान मिलना संभव है।

मेरी बेटी कुम्मू और उसका परिवार हर समय मेरी सेवा के लिए तत्पर रहे। साथ ही डॉ. मीनू वालिया ने भी मेरे उपचार में कोई कोर-कसर नहीं छोड़ी है। ऐसे सहायकों के होने पर मुझे विश्वास है कि मैं संध्याकाल के इस अंधकार को हराकर एक बार फिर सूर्य के प्रकाश से दमकने लगूँगी।

अब मैं हौसला ग्रुप का हिस्सा हूँ। मैं आशा करती हूँ कि इस कार्यक्रम से जुड़कर मैं अन्य रोगियों को कैंसर के साथ उनकी लड़ाई हेतु शक्ति व सकारात्मकता प्रदान करते हुए उन्हें प्रेरणा व प्रोत्साहन दे सकूँगी।

—लीला जोशी

छठी योद्धा

श्रीमती अंजु गुप्ता

रोग निदान : जनवरी 2015

'कैंसर', मेरे लिए यह शब्द मेरी आत्म-खोज की यात्रा का परिचायक है। मेरा पहली बार कैंसर से सामना उस समय हुआ, जब मेरी 73 वर्षीय माँ को गले का कैंसर बताया गया था। एक वर्ष तक खूब दवाइयाँ लेने के बाद मैं असहाय होकर उन्हें मृत्यु के समक्ष हथियार डालते देखती रही। यह अनुभव मेरे हृदय में टीस की भाँति दबा रहा। मेरे भीतर कैंसर का डर बैठ गया। संभवतः इसी कारण लगभग एक वर्ष पूर्व जब मुझमें स्तन कैंसर की पुष्टि हुई तो मैं इसके उपचार को लेकर बहुत सशंकित थी। जब दवाइयाँ मेरी माँ को ठीक नहीं कर सकीं तो मुझे इनसे क्या फायदा होगा? लेकिन आज, डॉ. मीनू वालिया से मिलने के बाद मैं अपने आपको बहुत सौभाग्यशाली समझती हूँ। वे मेरे लिए प्रेरणा व प्रोत्साहन का ऊर्जा-स्रोत हैं। मुझे विशेष रूप से उनसे की गई वह चर्चा याद आती है, जब उन्होंने मुझे चिकित्सा विज्ञान में उन्नति के बारे में बताया था। उन्होंने मुझसे कहा कि मेरा कैंसर 80 प्रतिशत उपचार योग्य है। मैंने पूछा, '100 प्रतिशत क्यों नहीं?' इसपर उन्होंने कहा, 'अंजु, घर से बाहर निकलने पर व्यक्ति के किसी दुर्घटना में घायल होने का 20 प्रतिशत खतरा तो रहता ही है। बच निकलने के लिए इतना प्रतिशत भी काफी है।'' उन्होंने मुझे वह दिशा दिखाई, जिससे मैं इनकार कर रही थी। मेरा परिवार, मेरे डॉक्टर तथा मेरे सहायक समूह ने सुनिश्चित किया कि मैं आत्म-खोज के इस मार्ग पर आगे बढ़ सकूँ। अपना उपचार करवाने, अपने खान-पान में स्वस्थ व प्राकृतिक आहार को शामिल करने, नियमित रूप से सैर पर जाने जैसे सामान्य से कार्यों ने मुझे पहले से भी अधिक स्वस्थ बना दिया है। मेरे लिए उत्तरजीविता का सार इन तीन शब्दों में है—हार मत मानो। यही वास्तविकता है। हमें बस, आगे बढ़ते रहना होगा।

—अंजु गुप्ता

सातवीं योद्धा

श्रीमती मंजूषा शुक्ला

रोग निदान : मार्च 2010

जीवन को भरपूर जियो···

बीमारी व उसके उपचार ने मुझे जीवन के बारे में यही सिखाया है कि इसमें कुछ भी निश्चित नहीं है। इसलिए हमारे पास जितना भी समय है, हमें उसे पूरी तरह से जीना चाहिए। मेरे ठीक होने में मेरे परिवार का अप्रतिम सहयोग व डॉक्टरों के प्रति मेरी आस्था सबसे बड़ी शक्ति रहे।

अपने को कैंसर होने की जानकारी मिलना जीवन का सबसे कठिन समय होता है तथा इसके उपचार से जुड़ा कष्ट इसे और भी कठिन बना देता है। इस रोग तथा उपचार के दौरान बरती जानेवाली सावधानियों के बारे में सामाजिक जागरूकता बहुत कम है।

मैं आशा करती हूँ कि हौसला जैसे आयोजन नियमित रूप से होते रहेंगे, जिससे ठीक हो चुके लोगों को देखकर रोगियों को इस बीमारी से लड़ने की प्रेरणा व शक्ति प्राप्त हो सके।

—मंजूषा शुक्ला

आठवीं योद्धा

श्रीमती मंजू कटियाल

रोग निदान : 2014

मंत्र : कैंसर को सेंसर करें।

सच में, मैं कर सकती हूँ

जीवन सुंदर फूलों के गुच्छों की तरह है। जब खुशियाँ आती हैं, तब रंग और खुशबू हमारे जीवन का हिस्सा बन जाते हैं। जीवन में जब कलियाँ दुःख और बीमारियों का रूप लेती हैं, तब जीवन बेहद चुनौतिपूर्ण बन जाता है। जनवरी 2014 में मुझे ऐसा ही महसूस हुआ था, जब मैं 56 की हुई थी, पहली बार मेरे बाएँ स्तन में दर्द हुआ था। मैं नियमित जाँच के लिए मैक्स हॉस्पिटल गई थी, जहाँ डॉ. गीता ने मेरी जाँच बाएँ स्तन की ऑन्कोलॉजी के लिए की।

जाँच के बाद मैं दुःखी थी, फिर अचानक मेरे मन ने कहा कि इस चुनौती को स्वीकार करो। डॉ. गीता ने हौसला बढ़ाते हुए कहा कि यह कुछ और नहीं, बस जीवन का एक दौर है। मैं वहाँ से सर्जरी कराने की प्रेरणा के साथ निकली। करीब 2-3 हफ्ते बाद उन्होंने कीमोथेरैपी के लिए मुझे डॉ. मीनू वालिया के पास भेजा।

मैं पहली सिटिंग के लिए पहुँची, जहाँ मेरी मुलाकात डॉ. मीनू वालिया से हुई। चेहरे पर खिली और स्वागत करनेवाली मुसकान के साथ उन्होंने मुझसे पूछा कि मैं कीमोथेरैपी के बारे में क्या जानती हूँ। करीब आधे घंटे तक मेरी बातों को सुनने के बाद वह मुसकराईं और फिर कहा कि मुझे डरने की बिल्कुल भी जरूरत नहीं है। उन्होंने मुझसे कहा कि मैं एक योद्धा हूँ और योद्धा कभी नहीं हारते। इस लड़ाई के दौरान मेरे बाल पूरी तरह से गिर गए, लेकिन मैंने अपने नए लुक को सम्मान के साथ स्वीकार किया और अपने गंजेपन को कभी नहीं छिपाया। मैं जब भी कीमोथेरैपी के लिए जाती, तो सहायक डॉक्टर, स्टाफ और गार्ड मुसकराते और यह कहकर मेरा हौसला बढ़ाते कि 'माताजी, सब ठीक है और बालों के बिना आप बड़ी खूबसूरत दिखती हैं।' मेरा आसपास का माहौल मुझे सुकून देता था और इस गाँठ से लड़ने में मेरा आत्मविश्वास बढ़ाता था।

मैं बिना किसी शक के यह कह सकती हूँ कि मैक्स परिवार ने

हमेशा मेरी सहायता और पूरी देखभाल की। आज तक वे मुझे प्यार करते हैं और इस कठिनाई में मेरी मदद कर रहे हैं। मैक्स परिवार अब मेरी दुनिया है और इसका सदस्य होने पर मुझे गर्व है।

—मंजू कत्याल

नौवीं योद्धा

श्रीमती मीनू गुलाटी

रोग निदान : 2013

कैंसर ईश्वर द्वारा अपने प्रियजनों को दी गई ऐसी चुनौती है, जिससे वे और अधिक मजबूत व अन्य लोगों के लिए प्रेरणा बन सकें। संघर्ष के स्तर पर व्यक्ति टूटकर बिखर जाता है; लेकिन समय सबकुछ ठीक कर देता है। मैं भी कैंसर की रोगी रही हूँ; लेकिन मुझे अपने परिवार में अपना जीवन दिखाई दिया। यह चयन आपका अपना है कि आप इसका शिकार बनना चाहते हैं या सरवाइवर।

—मीनू गुलाटी

दसवीं योद्धा

श्रीमती ओपल रावत

रोग निदान : 2014

कैंसर कोई बीमारी नहीं, बल्कि ऐसी लड़ाई है, जिसे 'जीत मेरी ही होगी' की आस्था के साथ ही लड़ा जा सकता है। यह मेरी सारी क्षमताओं को समाप्त कर सकता है; लेकिन जब तक हम 'मैं इसे हरा दूँगा' का सकारात्मक रवैया कायम रखते हैं, तब तक यह मेरे मन, हृदय व आत्मा को छू भी नहीं सकता। हमें एक ही जीवन मिला है। इसे पूरी तरह से जिएँ। हमेशा मुस्कराते रहें।

—ओपल रावत

ग्यारहवें योद्धा

श्री इरशाद अहमद

रोग निदान : 2014

बस एक पल में आपकी दुनिया बदल जाती है

साल 2014 के बाद से ही मेरा वजन लगातार कम होता जा रहा था और अकसर मुझे हल्का बुखार रहने लगा था। मेरे सामान्य चिकित्सक को लगा कि इसकी वजह डायबिटीज या तपेदिक हो सकती है। फरवरी 2015 में मुझे अपनी गरदन के बाईं ओर एक गाँठ का अहसास हुआ। सी.टी. स्कैन, बायोप्सी और आई.एच.सी. टेस्ट के बाद डॉक्टर ने मुझे बताया कि यह हॉजकिन लिंफोमा की समस्या है। पहले तो लगा, जैसे सबकुछ खत्म हो गया, क्योंकि कैंसर शब्द सुनते ही मैं ऊपर से नीचे तक सिहर उठा। दरअसल, मैं तब सिर्फ 45 साल का ही था और मुझ पर अपने छोटे-छोटे बच्चों की जिम्मेदारी थी। फिर भी मैं मैक्स पटपड़गंज की डॉ. मीनू वालिया और अपने परिवार को धन्यवाद दूँगा, जिन्होंने मुझे यह विश्वास दिलाया कि कैंसर का पूरी तरह इलाज संभव है। भले ही इसके इलाज में काफी समय लगता है, लेकिन एक बार कैंसर समाप्त हो गया, तो आप फिर से सामान्य जीवन जीने लग जाते हैं। आज मेरे सारे रिपोर्ट नॉर्मल हैं और मेरे जीवन में नई संभावनाएँ हैं। मैं डॉ. मीनू वालिया को दिल से धन्यवाद देता हूँ कि यह सब संभव हुआ। बिना किसी संदेह, मैं कह सकता हूँ कि मैक्स के डॉक्टर और स्टाफ सच में बेहतरीन हैं।

—इरशाद अहमद

बारहवें योद्धा

श्री बसंत कुमार काबरा

रोग निदान : 2014

कैंसर ने मेरी सारी शारीरिक शक्ति छीन ली थी। लेकिन यह मेरे मन को नहीं छू सका और न ही मेरे हृदय को छू सका। साथ ही, यह मेरी आत्मा को भी स्पर्श नहीं कर पाया।

—बसंत कुमार काबरा

तेरहवें योद्धा

श्री अहमद अब्दुल्ला

रोग निदान : 2015

उपचार के लिए सूडान से भारत आना संशय भरा था। नया देश, नए लोग। लेकिन जैसा कि कहा जाता है, पानी में अपना स्पष्ट प्रतिबिंब देखने के लिए उसके पूर्णतः थम जाने की प्रतीक्षा करनी चाहिए। बस, इसके लिए बहुत सा समय एवं ढेर सारी आस्था व साहस की आवश्यकता होती है। क्या आप में यह लड़ाई लड़ने का साहस है?

—अहमद अब्दुल्ला

चौदहवीं योद्धा

परिमिता साहू

रोग निदान : 2015

कैंसर मृत्यु नहीं देता, बल्कि यह आपको अपना जीवन पूरी तरह से जीने का अवसर प्रदान करता है।

कैंसर के साथ अपने बीते 6 माह की यात्रा को देखते हुए मेरे दिमाग में यही बात आती है। मैं 38 वर्ष की आई.टी. प्रोफेशनल हूँ और मेरा 10 वर्ष का पुत्र स्पेशल चाइल्ड है। किसी भी अन्य कामकाजी माँ की तरह मेरा जीवन भी एक मशीन के जैसा था, जहाँ मेरे पास अपनी सेहत पर ध्यान देने के लिए बिल्कुल समय नहीं था। मैं अपने पेशे एवं अपने बेटे की देखरेख में व्यस्त रहती, जो पूर्णत: मुझ पर ही निर्भर है। मैं अपने इस अति व्यस्त कार्यक्रम से कुछ समय की छुट्टी लेने की सोच ही रही थी कि अचानक मुझे पता चला कि मुझे कैंसर है। मैंने इस शब्द के बारे में कभी सोचा भी नहीं था। बल्कि मैंने तो इसको कभी गूगल पर भी नहीं खोजा था। सच कहूँ तो किसी भी अन्य सामान्य महिला की तरह मैं भी यह सोचकर टूट गई कि मैं मरने वाली हूँ। मैं इसके लिए कतई तैयार नहीं थी। मुझे अपने बेटे के लिए, अपने परिवार के लिए जीना था। मैं उनके साथ वह बेहतरीन समय गुजारना चाहती थी, जैसा मैं कभी नहीं कर सकी। संभवत: इसी विचार से मुझे हर तरह के नकारात्मक विचार से लड़ने की शक्ति मिली। मैंने परिस्थिति को स्वीकार किया। मेरे लिए यह कैंसर इस मायने में अच्छा रहा कि इस तरह मैं बहु-प्रतीक्षित ब्रेक लेने के अलावा अपने परिवार के साथ बहुत सा समय गुजार सकी। मैं हमेशा से ही मजबूत रही हूँ; लेकिन कैंसर ने मुझे और भी मजबूत बना दिया है। यह मुझे या मेरे परिवार में से किसी की हिम्मत नहीं तोड़ सका; बल्कि मेरा बेटा तो अब और अधिक आत्मनिर्भर हो गया है और मेरी बहुत अच्छी तरह से देखभाल करता है। इसने मुझे इतना मजबूत बना दिया है कि मैं अपने परिवार के बिना हर हफ्ते ओडिशा से दिल्ली कीमोथैरैपी करवाने के लिए अकेले आ जाती थी। इसने मुझे समाज के लिए कुछ करने का उत्साह दिया है। आज मैं पूरे विश्वास के साथ कह

सकती हूँ कि कैंसर मुझे कभी नहीं मार सकता, क्योंकि इसी ने मुझे सिखाया है कि अपनी जिंदगी को भरपूर तरीके से कैसे जियो।

—परिमिता साहू

माननीय श्री रामनाथ कोविंद से सम्मान प्राप्त करते हुए

मेडिकल काउंसिल ऑफ इंडिया की अध्यक्ष डॉ. जयश्री मेहता द्वारा मेडिसिन के क्षेत्र में श्रेष्ठ प्रदर्शन के लिए सम्मान प्राप्त करते हुए

पूर्वी दिल्ली मेडिकल एसोसिएशन द्वारा सम्मान प्राप्त करते हुए

तमिलनाडु और असम के पूर्व राज्यपाल डॉ. भीष्म नारायण सिंह द्वारा 'भारत ज्योति पुरस्कार' ग्रहण करते हुए

स्वास्थ्य सचिव श्री बी.पी. शर्मा के साथ

अभिनेत्री सुश्री मनीषा कोइराला और अन्य गणमान्य व्यक्तियों के साथ अपनी पुस्तक का विमोचन करते हुए

पूर्व केंद्रीय कैबिनेट मंत्री व अखिल भारतीय कांग्रेस कमेटी के महासचिव श्री अजय माकन के साथ

इंडियन मेडिकल एसोसिएशन द्वारा 'चिकित्सा उत्कृष्टता पुरस्कार' प्राप्त करते हुए

पॉसिब्लर के संस्थापक तथा मोटिवेशन स्पीकर श्री सुरेश सेमवाल और कैंसर से लड़ रहे अन्य लोगों के साथ

'ब्यूटी बियॉण्ड कैंसर' कार्यक्रम में भाग लेनेवाले कुछ कैंसर पीड़ितों के साथ

एक पुस्तक लोकार्पण समारोह में अभिनेता शत्रुघ्न सिन्हा व अन्य गणमान्यों के साथ

'इन्फीनीथीस्म' के संस्थापक महात्रीय रा के साथ

एक जनजागरूकता कार्यक्रम में स्वस्थ जीवन का संदेश देते हुए डॉ. एच.आर. नागेंद्र, वर्ल्ड यूनाइटेड के सचिव श्री डेरेल डिसूजा, मनीषा कोइराला व अन्य के साथ

ओड़ीशा में एक कैंसर जागरूकता कार्यक्रम में पद्म विभूषण से सम्मानित सोनल मानसिंह के साथ

अभिनेत्री मनीषा कोइराला, डॉ. जी.के. रथ (प्रमुख डॉ. बी.आर.ए. व आई.आर.सी.एच., एम्स) व अन्य के साथ

लेखिका, समीक्षक व योगाचार्य इरा त्रिवेदी के साथ चर्चा करते हुए

मेल टुडे ग्रुप के सीईओ श्री अमित गुप्ता से अनुकरणीय कार्यों के लिए सम्मान प्राप्त करते हुए

केंद्रीय मंत्री श्री अनंत कुमार द्वारा अपने श्रेष्ठ कार्यों के लिए प्रमाण–पत्र प्राप्त करते हुए

इंडिया टुडे सम्मिट के 'साइलेंट वारियर्स' में पेनलिस्ट के तौर पर

फीमेल सम्मिट 2017 में मेल टुडे के प्रबंध संपादक
श्री अभिजीत मजूमदार से सम्मान प्राप्त करते हुए

पंद्रहवीं योद्धा

श्रीमती क्लैरिटा मेनेजेस

रोग निदान : 2009

वर्ष 2009 के नवंबर माह में मेरी माँ का अल्ट्रासाउंड करनेवाले व्यक्ति ने मुझे बताया कि उन्हें तीसरे स्तर का लिंफोमा है। कहने की जरूरत नहीं कि इस खबर ने हम सबको बुरी तरह से हिला दिया। उस समय मैंने यह खबर अपनी माँ को नहीं दी, क्योंकि तब वे बेहद कमजोर थीं। उनका वजन बहुत घट गया था। मैं उन्हें परेशान करना नहीं चाहता था।

मैंने उन्हें केवल यही बताया कि उनके पेट में एक गाँठ है, जिसे घुलाना है और जिसके लिए उन्हें धर्मशिला अस्पताल में उपचार करवाना होगा।

उन्होंने इस पर विश्वास कर लिया और हमने उनका इलाज पहले ऑनकोलॉजिस्ट डॉ. प्रवीण और बाद में डॉ. मीनू वालिया से करवाना शुरू कर दिया। समय बीतने के साथ ही उपचार (कीमोथेरैपी) के दौरान जब उन्होंने अपने बाल गिरने के अलावा इस बीमारी के अन्य लक्षण दिखाई दिए तो वे समझ गईं कि उन्हें कैंसर है। लेकिन इसमें अच्छी बात यह रही कि उन्होंने हिम्मत नहीं हारी। उन्होंने इस बीमारी का पूरी दृढ़ता व प्रार्थनाओं सहित सामना किया।

वर्ष 2010 में कीमोथेरैपी के 12 चक्र पूरे होने के बाद हमने ऑनकोलॉजिस्ट से उन्हें द डिवाइन रिट्रीट सेंटर, केरल ले जाने की अनुमति माँगी, जहाँ उनका उपचार व देखरेख सबसे महान् डॉक्टर हमारे ईश्वर ईसा मसीह के हाथ होगा। रिट्रीट के बाद उन्हें काफी आराम मिला। तत्पश्चात् हम डॉ. मीनू वालिया के पास चेकअप के लिए गए, जिन्होंने हमें पैट स्कैन करवाने के सलाह दी। पैट स्कैन के परिणाम नकारात्मक रहे और तब से आज तक मेरी माँ में कैंसर के कोई लक्षण नहीं दिखाई दिए।

आज 88 वर्ष की हो जाने के बाद भी वे बहुत सक्रिय हैं। वे घर के सभी काम कर लेती हैं, घूमने जाती हैं तथा बहुत अधिक प्रार्थना भी करती

हैं। इसमें मुख्य केंद्र-बिंदु उनका दृढ़ निश्चय व आत्मबल रहा, जिसके चलते वे बीमारी नहीं बल्कि ईसा मसीह में आस्था के प्रति समर्पित रहीं।

—इवान मेनेजेस

(क्लैरिटा के पुत्र)

सोलहवीं योद्धा

वंदना आनंद

रोग निदान : 2015

''जब तक मजबूत होना ही एकमात्र विकल्प नहीं बचता, तब तक आप यह नहीं जान सकते कि आप कितने मजबूत हैं।''

उपर्युक्त पंक्तियाँ मुझे व मेरे अनुभव की सारभूत व्याख्या करती हैं। मेरे लिए जीवन मानो किसी परी-कथा जैसा चल रहा था। विवाह के बीते 17 वर्ष घनिष्ठता से परिपूर्ण रहे। एक प्यार करनेवाला पति, दो बेहतरीन व बुद्धिमान पुत्र और परवाह करनेवाले सास-ससुर। एक स्त्री को अपने जीवन में इससे अधिक क्या चाहिए? मेरे पास सबकुछ था।

अपनी कहानी शुरू करने से पहले मैं उन सभी लोगों का धन्यवाद देना चाहूँगी, जिन्होंने बीमारी के विरुद्ध इस जंग में मेरी सहायता की। अपने परिवार के अतिरिक्त मैं पूरी ईमानदारी सहित मैक्स अस्पताल, पटपड़गंज के अपने डॉक्टर व उनकी टीम का धन्यवाद देना चाहूँगी। डॉ. गीता काद्यप्रथ को उनकी मित्रता व जिंदादिल प्रकृति तथा मुझे प्रेरित करने के लिए धन्यवाद। शांत व गंभीर डॉ. मीनू वालिया को मुझमें विश्वास जगाने के लिए धन्यवाद, जिसके द्वारा मैं इस अग्निपरीक्षा से बिना किसी परेशानी के सफलतापूर्वक निकल सकी। मैक्स सपोर्ट ग्रुप की प्यारी महिलाओं व अन्य लोगों को मेरी सहायता के लिए हमेशा तैयार रहने तथा उपचार के दौरान मुझे बहुत सी महत्त्वपूर्ण बातें बताने के लिए धन्यवाद।

स्तन कैंसर के निदान ने कुछ क्षण के लिए मेरे संसार को उलट-पलटकर दिया था। मार्च 2015 में मुझे अपने बाएँ स्तन में एक छोटी सी गाँठ महसूस हुई। शुरुआत में मैंने इसे सामान्य रूप से लिया। दो-तीन दिन बाद मैंने अपने पति को इसके बारे में बताया। उन दिनों वे वित्त वर्ष के लिए निर्धारित लक्ष्यों की पूर्ति में व्यस्त थे, इसलिए उन्होंने मुझे डॉक्टर से मिलने व जाँच करवाने की सलाह दी। मैंने दो-तीन दिन और प्रतीक्षा की और फिर अपनी महिला चिकित्सक (स्त्रियों की एकमात्र संकटमोचक) से मिलने चली गई। उन्होंने मुझे तुरंत मेमोग्राफी तथा

अल्ट्रासाउंड करवाने की सलाह दी। प्रारंभिक जाँच के परिणाम मेरे व मेरे पति के लिए भयंकर थे। हमने वे रिपोर्टें अपने पारिवारिक डॉक्टर (डॉ. पारस गंगवाल) को दिखाईं जिन्होंने हमें तुरंत किसी कैंसर विशेषज्ञ से मिलकर बायोप्सी करवाने की सलाह दी।

मुझे आज भी याद है, 25 मार्च को हम पहली बार मैक्स अस्पताल, पटपड़गंज गए और वहाँ मेरी बायोप्सी हुई। मैं बहुत डरी हुई थी। अंततः 30 मार्च को मेरे पति को उनके ई-मेल पर बायोप्सी रिपोर्ट मिल गई। उसे पढ़कर वे लगभग रो दिए। अपने 17 वर्ष के वैवाहिक जीवन में मैंने शायद ही उन्हें कभी इस अवस्था में देखा था। वे हमेशा से ही अंतर्मुखी स्वभाव के रहे हैं। वे अपने प्रेम का दिखावा करने में विश्वास नहीं रखते; लेकिन आज उनके आँसू सबकुछ कह गए थे। अगले दिन मुझे बोन स्कैन के लिए ले जाते समय वे स्पष्टतः काँपते हुए ईश्वर से मेरी सलामती की दुआएँ माँग रहे थे। यह छोटा सा व सरल विचार उन्हें कोंचे जा रहा था कि आखिर उनकी पत्नी को यह बीमारी कैसे हो गई? वैसे, मुझे भी यही प्रश्न परेशान कर रहा था।

संभवतः मेरे पति के इस कष्ट ने मुझे इतना मजबूत बना दिया कि उस दिन मैंने निर्णय ले लिया कि मैं अपने कष्टों को भूलकर इस बीमारी का सकारात्मक मानसिकता व प्रयासों द्वारा सामना करूँगी। मैंने फैसला किया कि अपने परिवार के लिए मैं इन सबसे पूरे साहस सहित बाहर निकलूँगी। उसी पल मेरे मन से हर तरह का भय समाप्त हो गया। सर्जरी (मैस्टेकटॉमी) 7 अप्रैल को की गई। सर्जरी व कीमोथेरैपी के बीच के समय में मैंने अपने आपको भावनात्मक व मानसिक रूप से बहुत मजबूत बना लिया। मैंने कुछ प्रेरणाप्रद लेख व जीवनियाँ पढ़नी आरंभ कीं और इसी दौरान मैंने शायद चार्ली चैप्लिन द्वारा की गई एक बहुत प्यारी टिप्पणी पढ़ी। उन्होंने कहा था, 'किसी बात पर जितना चाहे, रो लें; लेकिन ध्यान रखें कि एक बार चुप होने के बाद उसी बात पर

फिर से आँसू न बहाएँ।' मैंने इन पंक्तियों को अपने जीवन में गीता सार की तरह ग्रहण कर लिया। इसके बाद मेरे जीवन में आँसुओं के लिए कोई स्थान नहीं रहा।

इस बीमारी के बाद जीवन कुछ अधिक कठिन हो जाता है; क्योंकि इसमें किसी भी महिला का सबसे आकर्षक शारीरिक हिस्सा प्रभावित हो जाता है। हम अपने शरीर का एक महत्त्वपूर्ण हिस्सा खो देते हैं। हमारे बाल उड़ जाते हैं, शरीर पर घाव व दाग पड़ जाते हैं। किसी भी महिला के लिए इन शारीरिक परिवर्तनों को स्वीकार करना आसान नहीं होता। लेकिन मैंने अपने आपसे पूछा और यही मैं उपचार ले रही सभी महिलाओं से पूछना चाहती हूँ कि, 'क्या अपने शरीर का यह प्यारा हिस्सा हमारे बेहद प्यार करनेवाले परिवार से अधिक महत्त्वपूर्ण है ?' मेरे पति, परिवार व कुछ मित्रों ने मेरी बहुत सहायता की और उपचार के दौरान यही सबसे आवश्यक होता है। आपके आसपास सहायता करनेवाला बेहतरीन समूह होने पर नकारात्मकता व नकारात्मक विचारों के लिए कोई जगह नहीं बचती। नकारात्मक लोगों से दूर रहें और अपने आपसे प्यार करें। मैंने ऐसा ही किया और इस अहसास ने मुझे सशक्त बनाया। मुझे अपने आपसे प्यार हो गया है। मेरे डॉक्टर व मित्र तो यहाँ तक कहते हैं कि मैं अब पहले से भी ज्यादा अच्छी लगने लगी हूँ।

इसलिए मित्रो! मेरा प्रेरणा मंत्र यही है कि इस बीमारी का सीधे सामना करो; क्योंकि आपके साथ जो हुआ है या जो होनेवाला है, उसे आप बदल नहीं सकते। अपने सहायता समूह को पहचानें तथा नकारात्मक लोगों व विचारों से दूर रहें। अपने नारीत्व का पूरी तरह से आनंद लें, निश्चित ही आप सफल रहेंगी। आमीन!

—वंदना आनंद

सत्रहवीं योद्धा

श्रीमती कंचन मल्होत्रा

रोग निदान : मार्च 2013

वो खुद ही तय करते है मंजिल आसमानों की
परिंदों को नहीं दी जाती तालीम उड़ानों की,
रखते हैं जो हौसला आसमान छोड़ने का
उनको नहीं परवाह कभी गिर जाने की।

—कंचन मल्होत्रा

अठारहवीं योद्धा

श्रीमती मधु नंदा

रोग निदान : अक्तूबर 2009

मेरा गला भर आया।··· मेरे आँसू छलके··· मैं लड़ी···और मैं जीत गई

कैंसर आपको विशिष्ट नहीं बनाता; लेकिन यह आपको कुछ अलग जरूर बना देता है।

आप जीवन को उत्साह सहित बिताते हुए छोटी चीजों में भी आनंद लेने लगते हैं। जीवन अनमोल व आसपास का सभी कुछ बहुत महत्त्वपूर्ण हो जाता है।

किसी का आपको पानी देना या दवाई देना या घर ले जाने भर से उसके प्रति प्रेम उमड़ आता है।

वर्ष 2009 में मेरी रीढ़ की हड्डी में बी. सेल लिंफोमा के निदान के साथ ही मेरी इस अत्यंत दु:खदायी व असहनीय कष्ट से भरी कहानी की शुरुआत होती है। मुझे तुरंत मैक्स अस्पताल, साकेत के मशहूर चिकित्सक डॉ. विपिन वालिया से सर्जरी करवानी पड़ी। तत्पश्चात् मैंने डॉ. आनंद व उनकी तकनीकी टीम से रेडिएशन उपचार करवाया।

इसके बाद मुझे डॉ. मीनू वालिया से कीमोथैरेपी करवाने के लिए धर्मशिला अस्पताल ले जाया गया।

यहाँ से मेरी यात्रा शुरू हुई।···

मैं बेहद दर्द, आँसू, हार, मानसिक वेदना, असहायता और बहुत कुछ करने की इच्छा से घिरी हुई थी!

डॉ. मीनू मेरे लिए ताजा हवा का एक झोंका बनकर आईं और मेरे साथ घटनाएँ घटनी आरंभ हो गईं। उबकाई, असहजता, निराशा व उदासी के दौरे पड़ने लगे।

मेरी हालत बहुत खराब हो गई थी।

बेहद दु:ख भरा व खराब समय था···!

लेकिन यहीं से इस कहानी का सबसे अच्छा भाग आरंभ होता है।

इस निराशा व कमजोरी के बीच मुझे एक संत दिखाई दिए—ओम शक्ति बाबा। मुझे उन पर पूरी आस्था है। मैंने उनके चरणों में पूरी कृतज्ञता व आदर सहित सिर झुका दिया।

मेरी बहन, मेरे बच्चे एवं परिवार मेरे साथ शक्ति व प्रेरणा के स्तंभ के रूप में खड़े रहे। वे मेरी मुसकान, हँसी व रुदन का कारण बनते। उन्होंने मेरी हर तरह से मदद की। मेरे नाती-पोतों ने मुझे नई आशाएँ व सूर्योदय प्रदान किया। वे मुझे अपने घर ले गए, जहाँ मुझे चाय/कॉफी के साथ शांतिपूर्वक दम भरने का आराम भी मिला।

वहाँ हुई प्रत्येक प्रेमपूर्ण चर्चा मेरी स्मृतियों में दर्ज हो गई। मैंने स्वयं को भाग्यवान् मानते हुए अपने जीवन में सही लोगों को भेजने के लिए ईश्वर का बारंबार धन्यवाद देने लगी।··· मैं अनवरत प्रार्थना करते हुए उनसे सतत सहयोग की गुहार लगाती रहती।

मेरा परिवार लगातार मुझे पुनः वापस लौटकर यात्राओं, आनंद व आमोद-प्रमोद से भरा जीवन बिताने को कहता रहता।

इन बातों से मैं सचेत हो गई।

अब मैं और अधिक अनुशासित रहने लगी, व्यायाम करने लगी। मैं अधिकांश समय घूमती रहती और मुसकराती या कुछ पढ़ती रहती।

यह एक वर्ष का असंतुलित जीवन आनंद से परिपूर्ण रहा। मेरा मार्ग काटनेवाला प्रत्येक व्यक्ति मेरे भीतर प्रसन्नता या कष्ट उत्पन्न करने में अपना योगदान दे गया। मैंने साहसी व निडर होना सीख लिया। मैं नकारात्मक को नकारने और कर्म सिद्धांतों पर विश्वास करने लगी। मुझे अपने कर्मों को सुधारना होगा।

स्वास्थ्य-लाभ की प्रक्रिया अभी भी जारी है।

अब ईश्वर की कृपा से मैं प्रेम करती हूँ, हँसती हूँ और जीवन का आनंद लेते हुए बिल्कुल ठीक हो चुकी हूँ। ईश्वर ने मेरे जीवन में मेरे डॉक्टर व मेरे परिवार के रूप में अपने फरिश्तों को भेजा था।

मैं आज भी आनंदपूर्ण जीवन में अगले पायदान पर जाने के लिए संघर्ष कर रही हूँ।

खाओ, प्रेम करो व प्रार्थना करो।

जीवन बहुत खूबसूरत है!

ईश्वर ने आपको जितने भी पल दिए हैं, उनका भरपूर आनंद लो।

—मधु नंदा

उन्नीसवीं योद्धा

अल्पना राज सिन्हा

ईश्वर अपने सबसे शक्तिशाली सैनिकों को अपनी सबसे कठिन लड़ाई में भेजता है।

करीब दस वर्षों से मैं एक प्रतिष्ठित स्कूल में साइंस की टीचर हूँ। भगवान् मेरे प्रति दयालु रहे हैं और मुझे सबसे प्यारा परिवार देने की कृपा की है। हम एक खुशहाल जीवन बिता रहे थे कि अचानक हमारे संसार में एक तूफान उठ खड़ा हुआ। मेरी कैंसर की बीमारी का पता चला।

देखते-ही-देखते मैक्स पटपड़गंज में मैं उपचार के लिए स्तन संरक्षण सर्जरी, कीमोथेरैपी और रेडिएशन की प्रक्रिया से गुजरी। इलाज के दौरान हर दिन मेरे मन में कई तरह के सवाल उठते थे। मेरे साथ ही ऐसा क्यों हुआ? मैंने क्या गलती की? अगर मुझे कुछ हुआ तो मेरे बच्चों की देखभाल कौन करेगा? लेकिन मेरे सबसे मजबूत स्तंभ, मेरे पति ने अपना सारा काम छोड़कर पूरे दिल से मेरा साथ दिया और मुझे प्रेरित किया। उनके साथ ही मैक्स पटपड़गंज के स्टाफ ने मेरा हौसला बढ़ाए रखा। डॉ. मीनू वालिया, डॉ. विनीत, डॉ. गीता और मैक्स के पूरे ऑन्कोलॉजी विभाग ने जीवन के लिए मेरे संघर्ष को आसान बनाया और उम्मीद से बहुत पहले ही मुझे अपने पैरों पर फिर से खड़ा कर दिया।

आज मैं पहले से कहीं अधिक सक्रिय हूँ और जीवन के मोल को समझती हूँ। मैं जानती हूँ कि भगवान् ने कैंसर के रूप में मुझे एक चुनौती दी थी, ताकि मैं मजबूत आत्मविश्वास से भरपूर और कई दूसरे लोगों के लिए एक आदर्श बन सकूँ। इस समय मैं कई सहायता समूहों की सक्रिय सदस्य हूँ, जो कैंसर के विषय में जागरूकता पैदा करते हैं और कैंसर के मरीजों को जीवन के विभिन्न चरण में प्रेरित करते हैं।

—अल्पना राज सिन्हा

बीसवाँ योद्धा

कृष्ण चंदर

आपका तूफान जितना शक्तिशाली, आपका इंद्रधनुष उतना ही चमकीला

आम दिनों की तरह ही वह दिन भी था, जब मैंने अपने दाहिने कान के पास सूजन को देखा, लेकिन यह सोचकर उसे अनदेखा कर दिया कि कोई बड़ी बात नहीं होगी। बाद में, जब सूजन बढ़ी, तो मेरे दोस्तों ने कहा कि मुझे किसी डॉक्टर की सलाह लेनी चाहिए। चेकअप के बाद अप्रैल 2009 में मुझे बताया गया कि मैं कैंसर का शिकार हूँ, जो चौथे चरण में है। मैं बुरी तरह से डर गया। मैं अपने भविष्य को लेकर चिंतित हो गया कि अब मेरी पत्नी और दो बेटियों की देखभाल कौन करेगा।

अपने जीवन में आए इस संकट के समय मैंने मैक्स सुपर स्पेशलिटी पटपड़गंज का दरवाजा खटखटाया। मैं 8 बार कीमोथेरैपी से गुजरा और उस प्रक्रिया के दौरान पता चला कि मुझे बोन मैरो कैंसर है। यह मेरे और मेरे परिवार के लिए बेहद मुश्किल समय था, लेकिन मुझे भगवान् और डॉ. मीनू वालिया पर विश्वास था, जो लंबे समय से मेरा इलाज कर रही थीं। मैं इस मुश्किल से अपने परिवार की मदद से लड़ता रहा और जीत मेरी ही हुई। मैंने 6 महीने में कैंसर को हरा दिया।

वे कहते हैं कि यदि आप किसी बात को लेकर सकारात्मक हैं, तो अपने जीवन की किसी भी कठिनाई को पार कर सकते हैं। मैक्स हेल्थकेयर के ऑन्कोलॉजी विभाग ने न केवल मुझे बेहतरीन इलाज उपलब्ध कराया, बल्कि बहुत अच्छी सलाह भी दी। उन्होंने मेरा जीवन उम्मीद और उत्साह से भर दिया। डॉ. मीनू ने लगातार मेरा साथ दिया और डे केयर स्टाफ भी सहृदय और मित्रवत् था। एक बार फिर मेरा जीवन पूरी तरह से चमक उठा है।

—कृष्ण चंदर

इक्कसवीं योद्धा

कुसुम बत्रा

मानिए कि आप कर सकते हैं और आधा रास्ता तय हो जाता है।

साल 2014 में मेरा वजन काफी कम हो गया और 6 महीने से भी अधिक समय तक मुझे लगातार बुखार रहता था। सी.टी. स्कैन और कोलोनोस्कोपी जैसे नियमित टेस्ट की सलाह दी गई, जिनसे पेट के कैंसर, स्टेज II का पता चला। हैरानी इस बात की है कि अब मैं थोड़ा राहत महसूस कर रही थी, क्योंकि मैं दवा और इलाज की शुरुआत कर सकती थी। मुझे विश्वास था कि मैं इससे उबर जाऊँगी।

बिना देरी किए मैं मैक्स पटपड़गंज पहुँची, जहाँ मेरी कीमोथेरैपी शुरू हुई। शारीरिक रूप से मैं कमजोर हो गई, क्योंकि कीमोथेरैपी के कई तरह से साइड इफेक्ट होते हैं, जैसे चक्कर आना और मुँह के छाले, जिनसे मैं पस्त रहती थी। लेकिन मैं लगातार सकारात्मक रही, क्योंकि इस संघर्ष में मुझे भगवान् और अपने परिवार का साथ मिल रहा था। यह सफर डेढ़ वर्षों तक चला। मुझे सबसे अच्छे इलाज की सुविधा दी गई और स्टाफ बेहद सहयोगी और मिलनसार था। मेरी सकारात्मकता ने मुझे सिखाया कि अगर मैं भगवान् में विश्वास रखूँ, तो जीवन में किसी भी मुश्किल को पार कर लूँगी।

अपने इलाज के बाद मैं एक नया जीवन जी रही हूँ। मैं अन्य लोगों के बीच जागरूकता और सकारात्मकता फैला रही हूँ, जो अपने जीवन में ऐसे ही दौर से गुजर रहे हैं, क्योंकि अगर आप सामना करने के लिए तैयार हैं तो आधी लड़ाई वैसे ही जीत लेते हैं।

—कुसुम बत्रा

बाईसवाँ योद्धा

रजनीकांत

डर के आगे जीत है

उस दिन की मॉर्निंग के बारे में कुछ भी 'गुड' नहीं था। उस दिन मुझे पता चला था कि मैं मौत के काफी करीब हूँ। किसी भी दूसरे व्यक्ति की तरह मैंने अपना कंप्यूटर खोला और सबसे अच्छे कैंसर अस्पतालों तथा डॉक्टरों पर रिसर्च करने लगा, जो मुझे इस भयंकर बीमारी से बचा सकते थे। मुझे डॉ. मीनू के बारे में पता चला और कहीं-न-कहीं मुझे लगा कि वही हैं, जो इस लड़ाई में मेरी मदद कर सकती हैं।

मेरे माता-पिता ने मुझे मुंबई जाने की सलाह दी, लेकिन मैं अपने आप ही दिल्ली की तरफ खिंचा चला आया। मैं जब पहली बार डॉ. मीनू से मिला तो मैं डरा हुआ था। मैं अपनी भावनाओं को काबू में नहीं रख सका और उनके सामने फूट-फूटकर रो पड़ा। फिर उन्होंने मुझे ढाड़स बँधाया और कहा कि एक-न-एक दिन हर किसी को जाना है, लेकिन मुझे भगवान् और अपने ऊपर विश्वास है, तो मैं कुछ दिनों में ही ठीक हो जाऊँगा।

उन्होंने 2 नवंबर, 2012 को मेरा इलाज शुरू किया और 23 नवंबर, 2013 में मैं पूरी तरह से ठीक हो गया। उस समय से ही मैं डॉ. मीनू से लगातार सलाह ले रहा हूँ, और सच कहूँ तो वही मेरी रक्षक हैं। कुछ फैसले सच में हमारा जीवन बदल देते हैं। मेरा जीवन तब बदला, जब मैंने अपने जीवन को लेकर मैक्स पर भरोसा किया था।

—रजनीकांत

तेईसवीं योद्धा

उषा रानी

जीवन में पेश चुनौतियों को चुनौती दो।

प्रत्येक व्यक्ति अपने जीवन में अच्छे और बुरे वक्त से गुजरता है। आप सीख सकते हैं कि उन्हें कैसे अपनाएँ और उनका सबसे अधिक लाभ कैसे उठाएँ। जनवरी 2015 में जब मुझे अंडाशय और गर्भाशय के कैंसर का पता चला, जो तीसरे चरण में था, तब मुझे यही सीखने को मिला था।

किसी भी अन्य व्यक्ति की तरह मैं सदमे और हताशा में थी। मुझे लगा कि मेरा जीवन अब समाप्त हो गया। लेकिन जब हमारे साथ हमसे प्यार करनेवाला परिवार हो, तब हम जानते हैं कि हमारे साथ सबकुछ अच्छा ही होगा।

इसलिए मैंने अपनी सोच को सकारात्मक बनाया और देखते-ही-देखते मेरे चारों ओर सकारात्मक लोग जुट गए। उन्होंने मेरा हौसला बढ़ाया। मेरा इलाज मैक्स हॉस्पिटल साकेत में शुरू हुआ, जहाँ डॉ. हरित, डॉ. मीनू और डॉ. अरोड़ा ने नर्सों के साथ मुझे 6 महीने के इस सफर के दौरान बेहतरीन चिकित्सा सुविधाएँ दीं। यहाँ के स्टाफ की देखभाल और सहायता से मैं तेजी से स्वस्थ हो सकी।

और आज मैं अपनी जिंदगी को पूरी तरह जी रही हूँ। अपनी सारी समस्याओं को भूलकर मैं एक मजबूत और खुशहाल महिला बनकर उभरी हूँ।

—उषा रानी

चौबीसवीं योद्धा

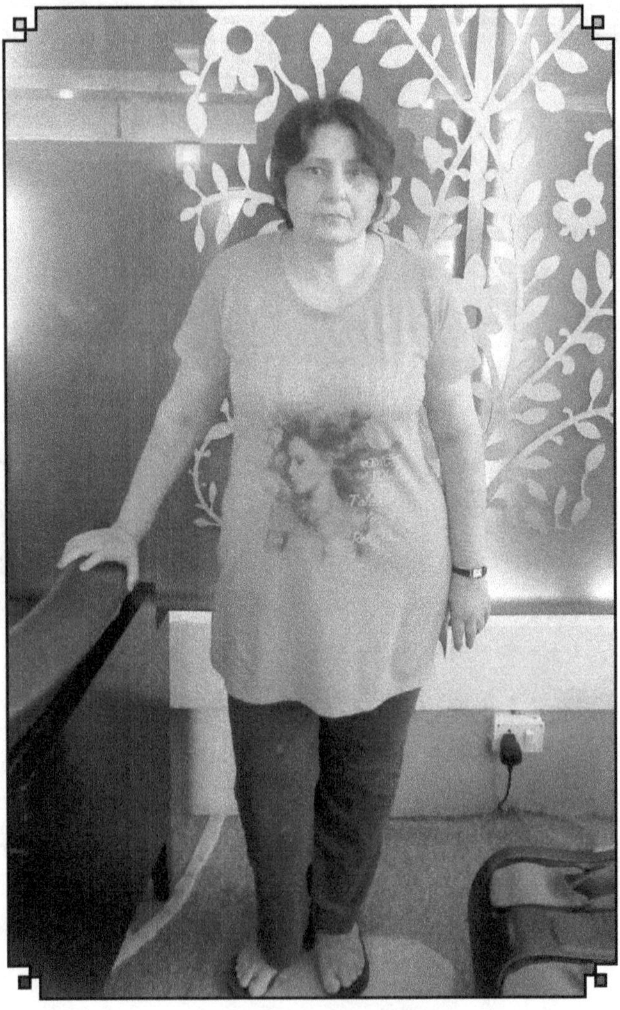

मीनाक्षी मल्होत्रा

हाँ, मैं जिंदा हूँ। उस भयंकर बीमारी 'कैंसर' से पीड़ित रहने के बाद मैं जीवित हूँ। यह सफर मुश्किल था लेकिन अपने स्नेही पति, बेटी, परिवार, अपनी इच्छाशक्ति, अपने डॉक्टरों और सबसे महत्त्वपूर्ण रूप से 'भगवान्' की सहायता से मैंने उस संकट को पार कर लिया। सुनने में यह आसान लगता है, लेकिन वह मुश्किल, बहुत मुश्किल था, सच में। हर दिन अपना हौसला जुटाना एक बड़ी चुनौती थी, जिसके लिए मैं अपने आप से लड़ती थी।

मैंने अपने पति और अपनी बहन को अपनी बीमारी के बारे में बातें करते सुन लिया था। मैं बिस्तर पर पड़ी थी और मुझे अपने कानों पर विश्वास नहीं हो रहा था। दोनों को जब यह अहसास हो गया कि मैं नींद में नहीं थी, तब वे थोड़ा असहज हो गए, लेकिन मैंने ही उन्हें सांत्वना दी और भरोसा दिया कि मैं डरी नहीं हूँ। इसकी बजाय मैं सकारात्मक हूँ कि मैं बिल्कुल ठीक हो जाऊँगी और मैं समझती हूँ कि भगवान् में मेरे इस विश्वास ने मुझे इससे उबारने में मदद की है। मेरे डॉक्टरों, विशेष रूप से डॉ. हरित चतुर्वेदी और डॉ. मीनू वालिया ने इस बीमारी से लड़ने में बहुत बड़ा योगदान किया। उन्होंने मेरे इस पूरे सफर में मुझे सहारा दिया और इस जानलेवा बीमारी से उबरने में मेरी मदद की।

मैं जब पीछे पलटकर देखती हूँ, तो मुझे लगता है कि वे दिन कितने लंबे और कभी खत्म न होनेवाले लगते थे। हर हफ्ते कीमोथेरैपी के लिए जाना कितना विषाक्त था। खून की जाँच या कीमो के लिए चुभनेवाली सुई मेरे रोंगटे खड़े कर देती थी और जब एक बार नर्स ने मुझसे पूछा, क्या आपको दर्द होता है, तब जवाब में मैं बस शून्य रह गई थी। सच कहूँ तो कुछ भी नहीं कह पाई थी। समझ नहीं पाई थी कि क्या कहूँ, लेकिन फिर उसे बताया कि कभी-कभी तो लगता है कि रोऊँ और कभी-कभी ठहाके लगाऊँ। एकदम भ्रम में रहती थी।

मैं अकसर लोगों को कहते सुनती थी, 'हे भगवान् मुझे ही क्यों

हुआ ?' तब मैंने ईश्वर को चुनौती दी थी और कहा था, 'भगवान्, मेरी परीक्षा लो!'

लेकिन समय बीत गया है, धीरे-धीरे ही सही।

और जैसा कि कहते हैं ना, धीरे-धीरे चलनेवाला ही रेस जीत लेता है और मुझे लगता है कि मैं बहुत दूर आ चुकी हूँ, अंतिम पड़ाव तक जो मेरे लिए 'स्टार्टिंग' लाइन है।

आखिर में सबसे अहम बात। मैं मैक्स हॉस्पिटल, अपने डॉक्टरों और अन्य सहयोगी स्टाफ को शुक्रिया कहना चाहती हूँ।

नमस्कार!

—मीनाक्षी मल्होत्रा

पच्चीसवीं योद्धा

मिसेज पी.के. चड्ढा

''कैंसर के विरुद्ध इच्छाशक्ति और सकारात्मक दृष्टिकोण के साथ लड़ें।''

मुझे जिस दिन कैंसर का पता चला था, मैं और मेरा परिवार पूरी तरह सदमे में थे। मुझे किसी पर विश्वास नहीं रह गया और मुझे अपने सामने अपनी दुनिया बिखरती दिख रही थी। मेरे मन में पहला सवाल उठा, 'मैं ही क्यों', 'मैंने ऐसा क्या किया', लेकिन कोई जवाब नहीं मिला। मैं रोई, चीखी, खुद को डाँटा, पर सब बेकार।

मेरा जीवन काफी स्वस्थ और सुंदर था। मैं भारत सरकार में अधिकारी की नौकरी कर रही था और रिटायरमेंट के ठीक बाद यह सदमा लगा। लेकिन इसे स्वीकार करने के सिवाय कोई उपाय नहीं था। मजबूत इच्छाशक्ति और सकारात्मक दृष्टिकोण, सर्वशक्तिमान ईश्वर, अपने परिवार और दोस्तों तथा बेशक डॉ. मीनू वालिया और डॉ. हरित तथा मैक्स हॉस्पिटल पटपड़गंज के कैंसर विभाग की पूरी टीम के जानकार, ईमानदार, स्नेह से भरे व्यवहार और प्रेरणा से मैंने इसे स्वीकार किया।

ईश्वर उनकी मदद करता है, जो अपनी मदद स्वयं करते हैं और जहाँ चाह होती है, वहीं राह भी होती है। डॉक्टरों, परिवार एवं दोस्तों के सहयोग से मैं इस तूफानी समंदर को पार कर गई। कटने, छिलने, त्वचा के रंग बदलने और इन सबसे अधिक बालों के गिर जाने तथा लोगों के व्यवहार को सहन करना बहुत कठिन होता है।

मैं समाज को यह संदेश देना चाहती हूँ कि भले ही इसे पार करना बहुत-बहुत मुश्किल है, और यह बेहद डरावना तथा भयंकर दौर होता है, लेकिन इस लक्ष्य को पाना असंभव नहीं है।

''कैंसर का इलाज संभव है, लेकिन हमें अपने सहयोग की सारी प्रणाली की पहचान करनी होगी और नकारात्मक सोच तथा लोगों से दूर रहना होगा।''

समय पर पता चल जाने तथा जानकार डॉक्टरों और स्टाफ, सहयोगी

परिवार व अपने तथा ईश्वर पर भरोसे के साथ इस लक्ष्य को पाने में मदद मिलेगी।

मैं खुशकिस्मत थी कि मुझे यह सबकुछ मिला और मैक्स हॉस्पिटल की एक्सपर्ट सलाह और इलाज से मैं इस खतरे से बाहर हूँ।

'कभी हिम्मत मत हारो' (दृढ इच्छाशक्ति के साथ सकारात्मक सोच)

शिकार बनने या बचने का विकल्प आपको ही चुनना है।

—मिसेज पी.के. चड्ढा

छब्बीसवाँ योद्धा

अशोक कुमार जैन

मेरा नाम अशोक जैन है, नवंबर 2007 में जाँच के बाद पता चला कि मुझे एन.एच.एल. लिंफोमा है। पहली बार मुझे इसका एहसास तब हुआ, जब मालिश के दौरान हजामत करनेवाले ने मेरा ध्यान गरदन पर लसीका ग्रंथि में सूजन की ओर दिलाया। मेरा ध्यान इससे पहले उसकी तरफ कभी नहीं गया था, क्योंकि उसमें दर्द नहीं होता था। उसके बाद डॉक्टर की सलाह के लिए मैं अपने गृहनगर में ई.एन.डी. विशेषज्ञ के पास गया। उन्होंने सूजन कम करने के लिए कुछ दवा लिखी, लेकिन वह सूजन एक बार फिर उसी स्थिति में लौट आई और तब उन्होंने मुझे किसी कैंसर रोग विशेषज्ञ से मिलने की सलाह दी।

कुछ परिचत लोगों के साथ अपनी समस्या पर चर्चा के बाद मुझे धर्मशिला हॉस्पिटल की डॉ. मीनू वालिया के बारे में पता चला। मैंने तुरंत उनसे मिलने का समय लिया और उनकी सलाह के मुताबिक कुछ टेस्ट कराए। रिपोर्ट देखने के बाद उन्होंने कन्फर्म किया कि मुझे नॉन–हॉगकिन लिंफोमा है। यह सुनते ही मैं सन्न रह गया। मुझे अपनी रिपोर्ट पर विश्वास नहीं हो रहा था, फिर मैंने अपनी रिपोर्ट दूसरी लैब में दिखाई। जाँच के बाद वहाँ की रिपोर्ट भी वही बात बता रही थी। डॉ. मीनू वालिया पर भरोसा हो जाने के बाद मैं फिर से उनसे मिला, जहाँ उन्होंने मेरे तनाव को बहुत अच्छी दूर किया और संपूर्ण उपयुक्त इलाज में मेरी सहायता की।

उनकी प्रेरणा ने अपना कमाल दिखाया और मुझे अपनी बीमारी से लड़ने की ताकत मिली। इलाज के दौरान कीमोथैरेपी के 8 चक्रों से होकर मुझे गुजरना था, जिसने साइड इफेक्ट के कारण भीतर से मुझे बेहद कमजोर कर दिया। शुरुआत में मेरी टी.एल.सी. गिरने लगी, जिसके कारण मेरे शरीर का तापमान बढ़ गया और मुझे इन्फेक्शन व लूज मोशन का सामना करना पड़ा। लेकिन, आगे चलकर मैं कीमोथैरेपी से अभ्यस्त हो गया और अपना चक्र सफलता से पूरा कर लिया। मेरे डॉक्टरों की

बेहद कुशल टीम ने पूरी कीमोथेरैपी के दौरान मेरा हौसला बढ़ाया और साइड इफेक्ट से निपटने में सहायता करने के साथ ही मुझे कीमो को सहन करने के काबिल बनाया।

सबसे महत्त्वपूर्ण तो संकट की घड़ी में मेरी पत्नी चट्टान की तरह मेरे साथ खड़ी रही और कैंसर की इस जंग को जीतने में मेरी मदद की। चूँकि उस समय मेरे बच्चे विदेश में थे, इसलिए एकमात्र वही थी, जो मेरे लिए परिवार की ओर से सहारा थी और उसने दिन-रात मेरी देखभाल की। इसके अलावा ऑफिस के मेरे साथियों और दोस्तों ने भी मुश्किल समय में मुझे प्रेरित रखने के साथ ही खुश रखा। मैं अपने आप को खुशकिस्मत समझता हूँ कि मेरा इलाज मैक्स अस्पताल की उच्च योग्यता और अपने काम में माहिर डॉक्टरों की टीम ने किया। साथ ही, अन्य सहायक स्टाफ ने संकट के समय घर की तरह मेरी देखभाल की।

मैं अब बैंक की अपनी नौकरी से रिटायर हो चुका हूँ और शांतिपूर्ण जीवन जी रहा हूँ। मन की शांति के लिए मैंने जरूरतमंत और गरीब लोगों की सहायता के लिए खुद को सामाजिक कार्यों से जोड़ लिया है।

—अशोक कुमार जैन

सत्ताईसवाँ योद्धा

जी.सी. सक्सेना

मेरा नाम जी.सी. सक्सेना है और मैं दिल्ली से हूँ। सितंबर 2010 के बाद मेरी सेहत में गिरावट आने लगी और मेरा शरीर पूरे दिन थका-थका सा रहता था। मैं कुछ डॉक्टरों से इस समस्या को लेकर मिला, लेकिन मेरी सेहत ठीक नहीं हुई। लगातार आ रही गिरावट के कारण 6 नवंबर, 2010 को मुझे तीरथ राम अस्पताल में भरती कराया गया, जहाँ मेरी पैथोलॉजी जाँच की गई। ब्लड रिपोर्ट की जाँच के बाद डॉक्टर ने मुझे किसी कैंसर रोग विशेषज्ञ से मिलने की सलाह दी। मेरे फैमिली डॉक्टर ने डॉ. मीनू वालिया से मिलने को कहा। उनसे मिलने से पहले मुझे अपनी बीमारी के बारे में कोई जानकारी नहीं थी, लेकिन मुझे लग रहा था कि मेरे साथ कोई गंभीर समस्या है।

मैं बिना देरी किए मैक्स हॉस्पिटल पटपड़गंज में डॉ. मीनू वालिया से मिला, जहाँ उन्होंने कुछ टेस्ट के लिए भरती हो जाने की सलाह दी। बाद में पता चला कि मुझे ए.एम.एल. (खून का कैंसर) है। मैं कैंसर का नाम सुनते ही काँप उठा और सोचने लगा कि ये मुझे क्या हो गया। मेरे परिवार के सदस्य भी चिंता में डूब गए और रिपोर्ट देखकर बुरी तरह घबरा गए, लेकिन डॉ. मीनू वालिया ने बाद में हमें ए.एम.एल. के बारे में बताया और हमारी पूरी मदद की। उन्होंने यह कहकर मेरा हौसला बढ़ाया कि अगर मैं इलाज को पूरा करूँ तो इस बीमारी का इलाज हो सकता है और इस बीमारी को लेकर मुझे क्या करना है और क्या नहीं, यह भी बताया। इससे मुझे तेजी से ठीक होने में मदद मिली। उन्होंने इलाज के लिए कीमोथैरैपी की सलाह दी, जो बिना देरी के शुरू कर दी गई।

कीमो के दौरान मेरे परिवार खासतौर पर मेरे बेटे ने इस जंग को जीतने में हिम्मत दी। वह हमेशा ही मेरे साथ रहा और अपने इस साथ व सकारात्मक सोच से मेरा मनोबल बढ़ाए रखा। मैं भगवान् को अपने ठीक होने के लिए मनाता रहा। मैं कीमो सेशन के दौरान अकसर किताबें पढ़ता रहता था।

कीमो के कुछ दौर के बाद मुझे अपने ठीक होने का एहसास होने लगा, मेरी शक्ति और इच्छाशक्ति फिर से बढ़ने लगी। मैं अधिक सकारात्मक होने लगा और हमेशा डॉ. वालिया की बातों को मानता रहा। मैं अपने खाने के बारे में काफी सजग था।

आखिर में मैं डॉ. वालिया का शुक्रिया अदा करता हूँ, जिन्होंने मेरे जीवन में कुछ और पलों को जोड़ा। मैं उनकी पूरी टीम को भी धन्यवाद देता हूँ, जिसने कैंसर से जंग में मेरी सहायता की। मैं मैक्स हॉस्पिटल की सेवाओं और कैंसर के मरीजों के इलाज के उनके बेहतर तरीके को कभी नहीं भूल पाऊँगा।

मैं अब एक स्वस्थ व्यक्ति हूँ और नियमित रूप से अपने डॉक्टर से मिलता रहता हूँ। मैंने अपनी दैनिक गतिविधियों को स्वस्थ जीवनशैली के साथ आगे बढ़ाना शुरू कर दिया है।

—जी.सी. सक्सेना

अट्ठाईसवीं योद्धा

हिना सिद्दीकी

मैं हिना सिद्दीकी, काशीपुर की एक गृहिणी हूँ। मैं अपने पति, बेटी और परिवार के साथ खुशी से जी रही थी। अचानक 2009 में मुझे दाहिने स्तन पर गाँठ का पता चला और मैं चिंतित हो गई। मैं अपनी फैमिली डॉक्टर के पास गई, जिन्होंने मुझे एन.एन.ए.सी. टेस्ट कराने की सलाह दी। डॉक्टर ने जब कन्फर्म किया कि मुझे स्तन का कैंसर है और मुझे दिल्ली के एम्स में रेफर किया तो मैं बहुत डर गई। मुझे कुछ समझ नहीं आ रहा था कि क्या करूँ। आगे क्या होगा, यह भी नहीं सूझ रहा था। मेरे मन में अपनी मौत के खयाल आने लगे।

लेकिन मेरे परिवार और पति ने मुझे कैंसर से लड़ने की हिम्मत दी और हम इलाज के लिए दिल्ली आ गए। पहले हम एम्स गए, लेकिन इंतजार का लंबा समय और देरी के कारण हमने धर्मशिला अस्पताल में डॉक्टर से मिलने का फैसला किया। यहाँ हमारी मुलाकात डॉ. मीनू वालिया से हुई। वह सच में बहुत अच्छी हैं और उन्होंने मुझे मेरी बीमारी और उसके इलाज के बारे में विस्तार से बताया। उन्होंने इलाज के पहले चरण में सर्जरी की सलाह दी, जिसे जितनी जल्दी संभव हो करना था। इस दौरान हमने कुछ दूसरे डॉक्टरों से भी सलाह ली, क्योंकि हम आर्थिक रूप से इतने संपन्न नहीं थे, लेकिन उन डॉक्टरों ने हमें डॉ. मीनू वालिया से ही इलाज कराने रहने की सलाह दी। उनके इलाज से मुझे भी लगा कि मैं सही जगह पर आई हूँ और मैंने अपनी ब्रेस्ट सर्जरी कराई। इलाज के दौरान उन्होंने मेरा साथ दिया और हर तरीके से मेरा हौसला बढ़ाती रहीं।

कीमोथैरेपी मेरे लिए सच में दर्दनाक समय था और उसके साइड इफेक्ट को झेलना बड़ा मुश्किल था। मेरे सारे बाल चले गए। हमें पैसों की भी भारी तंगी हो गई। इलाज के दौरान मेरे साथ-साथ मेरा परिवार भी शारीरिक, सामाजिक और आर्थिक रूप से मुश्किलों में घिर गया। लेकिन इन सारी चुनौतियों के बावजूद मैंने हमेशा अपनी उम्मीदों को

ऊँचा रखा और भगवान् से प्रार्थना करती रही कि इस लड़ाई को जीतने में मेरी मदद करें। मेरे पति ने भी मेरी हिम्मत को बढ़ाए रखा और इस लड़ाई को जीतने की ताकत दी।

अंत में मैं अपने पति का शुक्रिया अदा करूँगी, जो मेरे दुःख-तकलीफ में मेरे साथ खड़े रहे और उनके साथ के चलते ही मैं कैंसर के इलाज के इस रास्ते को तय कर सकी। मैं डॉ. मीनू वालिया की भी उनके मार्गदर्शन के लिए प्रशंसा करूँगी, जिसने सारी मुश्किलों को पार करने में मेरी मदद की। सच में वे बड़े उदार ह्रदय और सौम्य स्वभाव वाली हैं। यहाँ तक कि उनकी टीम भी बेहद मददगार और साथ देनेवाली है। समय-समय पर उन सभी ने हर तरीके से मेरी मदद की।

मैंने जो कुछ सीखा, उसे दूसरों को बताना चाहूँगी कि ईश्वर पर हमेशा विश्वास कीजिए, कैंसर का नाम सुनकर मत डरिए और इससे पूरी ताकत से लड़िए। अपना हौसला बनाए रखिए और अपनी इच्छाशक्ति से मजबूत बने रहिए। अब मैंने कैंसर को हरा दिया है तथा आगे की देखभाल कर रही हूँ। साथ ही अपने बच्चों और परिवार के साथ खुशी-खुशी रोजाना के सारे काम भी कर रही हूँ।

—हिना सिद्दीकी

उनतीसवीं योद्धा

जया छनकर

16 जनवरी को मैं पेट में इन्फेक्शन और सूजन से पीड़ित थी। मेरी डॉक्टर ने मुझे अल्ट्रासाउंड कराने की सलाह दी।

अल्ट्रासाउंड में डॉक्टर ने पाया कि मेरे पेट में कई अल्सर और तरल पदार्थ हैं। फिर उन्होंने मुझे सीटी स्कैन कराने की सलाह दी, जिसमें डॉक्टर को ट्यूमर का पता चला और यह बात सामने आई कि मुझे अंडाशय का कैंसर है। मेरा कैंसर स्टेज III का था और इस बीमारी को दस महीने हो चुके थे।

मैक्स हॉस्पिटल में मेरा इलाज डॉ. हरित और डॉ. मीनू वालिया की देखरेख में किया गया। उस समय कैंसर का नाम सुनते ही मैं पूरी तरह से हिम्मत हार चुकी थी और मेरे मन में सबसे पहले यही खयाल आया कि हे भगवान्! मैं ही क्यों? चूँकि मेरी माँ की मौत इसी बीमारी के कारण हुई थी और मैंने उन्हें बहुत कुछ सहते देखा था। इसलिए मैं अपनी हालत और अपने परिवार को लेकर बहुत चिंतित थी, लेकिन ईश्वर की कृपा से धीरे-धीरे मेरे डॉक्टरों की सलाह से मैं अपनी ताकत और अपना आत्मविश्वास हासिल कर सकी।

इलाज के दौरान मैं सर्जरी और कीमोथैरेपी का दर्द सह नहीं पाती थी। इस दर्द के कारण मेरा आत्मविश्वास हिल गया था, क्योंकि यह असहनीय था और फिर पैसे को लेकर चिंता मुझे बराबर खाए जा रही थी। मेरा परिवार, मेरे डॉक्टरों की टीम और मेरे दोस्त हमेशा मेरे साथ रहे और मेरा उत्साह बढ़ाते रहे। चूँकि मैं एक सामाजिक कार्यकर्ता हूँ, इसलिए जिन लोगों की मैंने संकट की घड़ी में मदद की थी, वे मेरे लिए प्रार्थना कर रहे थे और मेरा हौसला बढ़ाने के लिए मुझ से मिलने भी आते रहे। मेरे लिए यह एक आश्चर्य था, क्योंकि मैंने कभी इतने जबरदस्त संबल की उम्मीद नहीं की थी। आखिर में मैं इसी नतीजे पर पहुँची कि आप जितने भी अच्छे सामाजिक कार्य करते हैं, एक-न-एक दिन जीवन में आपको उसका फल मिलता ही है।

मैं किसी एक व्यक्ति का नाम नहीं ले सकती, क्योंकि मेरे जीवन में आनेवाले सभी लोगों के मिले-जुले प्रयासों के कारण ही यह संभव हो सका। विशेष रूप से कहूँ तो मेरे सास-ससुर, जिन्होंने मेरे घर की जिम्मेदारियों को सँभाला, ताकि मेरे बच्चों और पति की देखभाल की जा सके। मेरे पति, जो चेहरे पर मुसकान लिये हमेशा मेरे साथ खड़े रहे, ताकि मैं भी मुसकरा सकूँ और खुश रहूँ। साथ ही समाज में मेरे परिचित लोग, जिन्होंने मेरे लिए प्रार्थना की।

और अंत में, लेकिन सबसे महत्त्वपूर्ण मेरे डॉक्टरों की टीम और समन्वय करनेवाली टीम, जैसे डॉ. हरित, जो 24 घंटे मेरे लिए उपलब्ध थे। डॉ. संजीव, डॉ. आलोक और डॉ. गीता, जिन्होंने हमेशा ही स्वस्थ होने के लिए मुझे ताकत दी। साथ ही, मैं डॉ. मीनू वालिया के प्रति हृदय से आभारी हूँ, जिन्होंने प्री-पोस्ट कीमोथैरेपी से उबरने में मेरी सहायता की। मुझे यह नया जीवन मिला, इसके लिए मैं दिल से उन सभी को धन्यवाद देती हूँ।

मैंने इस लड़ाई से यही सीखा कि आपको बस मनोबल ऊँचा रखा है, धैर्य और शांति से प्रार्थना करते रहना है।

मैं अब और भी विनम्र हो गई हूँ। पहले से कहीं अधिक ऊर्जा के साथ अपने सामाजिक कार्य को करने के लिए तैयार हूँ। मुझे लगता, मेरा यह जीवन दूसरों का दिया हुआ है।

—जया छनकर

तीसवीं योद्धा

कमलजीत कौर

वर्ष 2003 में बाँहों के नीचे मुझे हल्की खुजली हुई और लगभग एक साल तक मैंने इसे नजरअंदाज किया। बाद में मैंने यह बात अपनी बहन को बताई। उसने मुझे किसी डॉक्टर से मिलने की सलाह दी। मैंने पहले अपने फैमिली डॉक्टर की सलाह ली, जिन्होंने मेरे बच्चों से कहा कि वे मुझे किसी कैंसर रोग विशेषज्ञ के पास ले जाएँ। पता नहीं कैसे, पर उन्हें शक था कि मुझे कैंसर है। फिर मेरे बच्चे मुझे धर्मशिला अस्पताल लेकर गए, जहाँ मेरे कुछ टेस्ट हुए और पता चला कि मुझे स्टेज III का स्तन कैंसर है। सर्जरी से पहले मुझे कीमो के 6 चक्रों की सलाह दी गई। बाद में साल 2004 में मेरी सर्जरी हुई और फिर बाकी बची कीमो और रेडिएशन थेरैपी की गई। शुरुआत में मुझे अपनी बीमारी का पता नहीं था और सर्जरी के बाद ही मुझे पता चला कि मुझे कैंसर है, जब मेरा स्तन हटा दिया गया। उस समय मैं बहुत दु:खी हुई और अंदर से बुरी तरह टूट गई। लेकिन बाद में जब मुझे पता चला कि सर्जरी और कीमो से इसका इलाज हो सकता है, तब मैंने खुद को कैंसर से लड़ने के लिए तैयार किया।

हमारे लिए यह बेहद मुश्किल घड़ी थी, क्योंकि मेरे पति भी हाइपरटेंशन से पीड़ित थे और उनका इलाज चल रहा था। मेरे बच्चों की पढ़ाई चल रही थी और हमारे सामने पैसों की भी गंभीर समस्या थी। फिर भी मेरे परिवार के लिए मेरा इलाज पहली प्राथमिकता थी। चूँकि मैं ही घर सँभालती थी और अकेले ही अपने परिवार को चलाती थी, इसलिए अपने इलाज के दौरान जब मैं लगभग दो साल तक बिस्तर पर पड़ गई तो मेरे साथ-साथ इसका असर मेरे पूरे परिवार पर पड़ा। लेकिन धर्म के प्रति मेरी गहरी आस्था और मेरे वाहेगुरु ने मुझे एक नया स्वस्थ जीवन दिया। मेरा परिवार, खास तौर पर मेरा बेटा और मेरी बेटी इस पूरे संघर्ष के दौरान मेरे साथ खड़े रहे। यह मेरी किस्मत थी कि मुझे डॉ. मीनू वालिया जैसी डॉक्टर मिलीं, जिन्होंने मेरे इलाज से जुड़ी सारी बातों

को लेकर अपने मार्गदर्शन से मेरी मदद की।

आखिर में मैं यही कहूँगी कि अगर आप अपने आप को सकारात्मक रखते हैं, तो किसी भी बड़ी बीमारी से लड़ सकते हैं। और भगवान् के साथ ही डॉक्टरों पर पक्का विश्वास रखें तो कैंसर से जंग को हर हाल में जीत लेंगे, क्योंकि मैंने भी सुन रखा है कि इस धरती पर डॉक्टर भगवान् के समान होते हैं।

साल 2006 के बाद से ही मैं आगे की डॉक्टरी देखरेख में हूँ, और नियमित रुटीन वाला जीवन जी रही हूँ। मैं हर दिन व्यायाम और योग भी करती हूँ तथा अपने परिवार के साथ खुशी-खुशी जी रही हूँ।

—कमलजीत कौर

इकतीसवीं योद्धा

लता खंडेलवाल

मैं दिल्ली से हूँ और एक गृहिणी हूँ। जुलाई 2012 में उल्टी के साथ ही पेट के निचले हिस्से में मुझे दर्द की शिकायत हुई, तो मैं अपनी स्त्री रोग विशेषज्ञ से मिली। उन्होंने मुझे अल्ट्रासाउंड कराने की सलाह दी। अल्ट्रासाउंड में मेरे डॉक्टर ने पाया कि मेरे अंडाशय में ट्यूमर है। उन्होंने मुझे तत्काल सर्जरी कराने की सलाह दी। सर्जरी के बाद मुझे ट्यूमर की बायोप्सी के लिए किसी कैंसर रोग विशेषज्ञ से मिलने की सलाह दी गई, क्योंकि उन्हें शक था कि मुझे अंडाशय का कैंसर है।

बाद में मैं अपने ट्यूमर की बायोप्सी के साथ डॉ. मीनू वालिया से मिली, उन्होंने मुझे सीटी स्कैन कराने की सलाह दी। सीटी स्कैन के आधार पर उन्होंने पुष्टि कर दी कि मुझे अंडाशय का कैंसर है। उनके मार्गदर्शन में मेरी फिर से सर्जरी की गई, क्योंकि उन्होंने बताया कि इससे कैंसर फिर से सिर उठा सकता है। मैं दर्द और तनाव की यातना से गुजर रही। चूँकि यह मेरे जीवन का सवाल था, इसलिए मेरे परिवार के सदस्यों ने अलग-अलग डॉक्टरों से सलाह ली। सभी ने अलग-अलग इलाज की सलाह दी और दो-दो सर्जरी के बाद भी कई तरह के डॉक्टरों से मिलना मेरे लिए अत्यंत कष्टदायी था। बाद में मैंने अपने मन की सुनी और डॉ. मीनू वालिया से ही अपना इलाज जारी रखा, क्योंकि उनकी सोच सकारात्मक थी और व्यवहार बहुत अच्छा था। मैंने कीमोथेरैपी और रेडिएशन भी कराई। इस बीच हर तरह की मुश्किलों का सामना किया।

चूँकि मेरे सारे बाल गिर गए और मैं गंजी हो गई, इसलिए मेरा सामाजिक जीवन बुरी तरह से प्रभावित हुआ। मेरे लिए कीमो के दर्द को झेलना बेहद मुश्किल था। डॉ. मीनू वालिया हर कदम पर मुझे राह दिखाती रहीं। उनके साथ ही मुझे अपनी प्रार्थना से शक्ति मिली और हर समय मेरा हौसला बना रहता था। आखिर में कहूँगी कि मेरा परिवार पूरी तरह से मेरे साथ खड़ा रहा। विशेष रूप से मेरा बेटा और बहू, जो इलाज के दौरान हमेशा मेरे पास मौजूद रहे।

मुझे जिस दिन पता चला था कि मुझे कैंसर है, उस दिन मुझे गहरा झटका लगा था और मैं अपने परिवार के बारे में सोचकर रोने लगी थी। मैंने जीने की सारी उम्मीद छोड़ दी थी। मैंने इस झूठी बात को सच मान लिया था कि कैंसर का मतलब है मौत, लेकिन आज मैं स्वस्थ जीवन जी रही हूँ और मेरी आगे की देखभाल चल रही है। मैंने जाना कि कैंसर का इलाज हो सकता है और शुरुआती दौर में पता चल जाए, तो व्यक्ति स्वस्थ हो सकता है। हमें अपने शरीर में किसी भी बदलाव और समस्या को कभी छिपाना नहीं चाहिए और नियमित जाँच करानी चाहिए। हमें अपने मन, शरीर और आत्मा को मजबूत रखना चाहिए। ये बातें कैंसर से जंग को जल्द और कामयाबी से जीतने में मदद करते हैं। हमेशा विश्वास रखिए, अपने डॉक्टर पर भरोसा कीजिए और हमेशा विशेषज्ञों से परामर्श लीजिए।

—लता खंडेलवाल

बत्तीसवीं योद्धा

मंजू यादव

मैं मंजू यादव बिजनौर की रहनेवाली हूँ और एक गृहिणी हूँ। 2012 में मुझे डिलीवरी के बाद अपने पेट तथा मलाशय में एक महीने तक दर्द की शिकायत रही, जिसे मैं नजरअंदाज करती रही, लेकिन बाद में मैंने पाया कि मल के साथ खून भी आने लगा। मैं अपने शहर में ही अपनी स्त्री रोग विशेषज्ञ से मिली। उन्होंने मुझे कोलोनोस्कॉपी कराने की सलाह दी। उन्होंने पाया कि मेरे मलाशय में कुछ गाँठें हैं और सर्जरी के लिए मुझे एक सर्जन के पास भेजा। सर्जन ने जाँच की और मुझे दिल्ली के धर्मशिला अस्पताल रेफर कर दिया। उस समय मैं बहुत डरी हुई थी और मेरे मन में तरह-तरह के सवाल उठ रहे थे, जैसे मुझे क्या हुआ है और मेरे डॉक्टर ने मुझे कैंसर अस्पताल में क्यों रेफर कर दिया?

हम धर्मशिला अस्पताल आए, जहाँ मुझे बायोप्सी और सीटी स्कैन कराने की सलाह दी गई, जिससे पता चला कि मुझे मलाशय का कैंसर है। मैं पूरी तरह से सन्न रह गई और रोने लगी कि भगवान् ने मुझे कैंसर की बीमारी क्यों दे दी। मेरी बस दो साल पहले शादी हुई थी और हाल ही में मैंने अपनी बेटी को जन्म दिया था। मुझे लगा कि मेरी जिंदगी ठहर गई है और अब तो बस मौत का ही इंतजार है। लेकिन डॉ. मीनू वालिया की मदद और मार्गदर्शन से मैंने अपना इलाज कीमोथेरैपी और रेडिएशन से कराया। बाद में मेरी सर्जरी हुई और मलाशय को हटा दिया गया।

सच में यह मेरे लिए बेहद मुश्किल वक्त था, जब मुझे इलाज के लिए दिल्ली शिफ्ट किया गया, और मेरे ऊपर अपनी तीन महीने की बेटी की देखभाल की भी जिम्मेदारी थी। हम मानसिक, शारीरिक और वित्तीय यातना झेल रहे थे। कीमोथेरैपी कराना बेहद कष्टदायी था। मेरे सारे बाल गिर गए, मेरा सामाजिक जीवन ठप हो गया। मेरे परिवार के सदस्यों के लिए इन सारी चीजों से निपटना मुश्किल हो गया। मेरे परिवार और विशेष रूप से मेरे पति ने इस लड़ाई में मेरा साथ दिया। इलाज के दौरान वे हमेशा ही मेरा हौसला बढ़ाते रहे और समय-समय पर सोच को

आशावान बनाते रहे। यह उनके ही प्रयासों के कारण था कि कैंसर के खिलाफ लड़ाई में सबकुछ संभव हो सका। भगवान में मेरे विश्वास और मेरी प्रार्थना से मुझ पर स्वस्थ होने और दूसरा जीवन जीने की कृपा हुई।

मैं खुशकिस्मत हूँ कि मेरा इलाज डॉ. मीनू वालिया ने किया। वे बहुत सकारात्मक और स्वभाव से साथ देनेवाली हैं। उन्होंने जो राह दिखाई, उससे मुझे अपने कैंसर से लड़ने की प्रेरणा मिली और मैं जल्द ही स्वस्थ होकर निकली। इस सफर में उनके पूरे स्टाफ ने मेरी बड़ी मदद की।

अब मैं अपने परिवार के साथ खुशी-खुशी अपना जीवन बिता रही हूँ। मेरी बेटी स्कूल जाने लगी है और वह मुझे 'मम्मा' कहकर बुलाने भी लगी है।

—मंजू यादव

तैंतीसवाँ योद्धा

पद्म पारस शर्मा

मेरा नाम पद्म पारस शर्मा है। मैं रक्षा मंत्रालय से सेवा-निवृत्त हो चुका हूँ। अभी मेरी उम्र 75 साल है। 14 नवंबर को मेरे बाएँ पैर में सूजन बढ़ने लगी और दर्द की शिकायत हुई। कुछ दिनों तक मैंने इस पर ध्यान नहीं दिया, लेकिन बाद में अपने फैमिली डॉक्टर को दिखाया, जिन्होंने मुझे एफ.एन.एसी. टेस्ट कराने की सलाह दी। उसकी रिपोर्ट से कैंसर की पुष्टि हो गई। फिर मैं धर्मशिला अस्पताल में डॉ. मीनू वालिया से मिला। उन्होंने पी.ई.टी. सीटी स्कैन कराने की सलाह दी। जाँच से पता चला कि मुझे स्टेज 3 का अंडाशय का कैंसर है। मुझे और मेरे परिवार को गहरा सदमा लगा और मेरा मनोबल टूट गया। फिर डॉ. मीनू वालिया ने मेरा हौसला बढ़ाया और कहा कि मैं अपना इलाज शुरू कराऊँ। मेरे बच्चों ने भी मुझे मजबूत रहने को कहा और तब मैंने तय किया कि मुझे कैंसर को हराना है।

कीमोथेरैपी शुरू हुई। मेरे लिए कीमोथेरैपी को सह पाना बेहद मुश्किल था। धीरे-धीरे मैं इसके साइड इफेक्ट को सहन करने लगा। कई बार इमरजेंसी में मुझे अस्पताल पहुँचाया गया और अकसर स्ट्रेचर पर ही मुझे ले जाया गया। कीमोथेरैपी के 4 चक्रों के बाद डॉ. पंकज और डॉ. आलोक ने मेरी सर्जरी की, जो सच में बेहद कष्टदायी थी। मैं घर से ज्यादा अस्पताल में ही रहने लगा। मेरे बेटे रत्नेश शर्मा ने कैंसर से जंग में मेरा साथ दिया, क्योंकि वही हमेशा मेरे साथ रहता था। मेरी बेटी ने इस दौरान हमेशा सहयोग दिया। दोनों हमेशा ही इस लड़ाई में मेरा हौसला बढ़ाते रहे। डॉ. मीनू वालिया ने ही अकसर मेरा इलाज किया और हर बार मुझे संकट से निकाला।

सर्जरी के बाद मुझे कीमोथेरैपी के दो दौर से गुजारा गया, जो बहुत ही कठिन था। पूरा इलाज एक साल में पूरा हुआ और आखिरी कीमो 15 जुलाई को हुई। मैंने हमेशा से यही माना था कि मुझे जल्दी स्वस्थ होना है। मैं भगवान् से प्रार्थना करता रहा और मुझे विश्वास था कि भगवान्

ने जो लिखा है, वही होगा और हमें तो अपना कर्तव्य निभाना है। हर मुश्किल से लड़ना है।

अब मैं डॉक्टरी देखरेख में हूँ और एक स्वस्थ जीवन जी रहा हूँ। अब मैं अपने पैरों पर खड़ा हो सकता हूँ और अपना काम स्वयं कर सकता हूँ। मैं विशेष रूप से मैक्स हॉस्पिटल का शुक्रिया अदा करना चाहूँगा, जो मेरे साथ खड़ा रहा। मेरी पूरी सहायता की, अच्छी देखभाल की और बेहतरीन इलाज किया।

—पद्म पारस शर्मा

चौंतीसवीं योद्धा

मरीज बिबियन कोन

मैं मध्य अफ्रीका के कैमरून की रहनेवाली बिबियन कोन हूँ। मैं आई.वी.एफ. का इलाज करा रही थी। आगे चलकर मैंने देखा कि मेरे दाहिने स्तन में एक छोटी सी गाँठ है। मैंने अपनी स्त्री रोग विशेषज्ञ से सलाह ली, जिन्होंने मैमोग्राफी और बायोप्सी कराने की सलाह दी। मेरे देश में डॉक्टरों को कैंसर का शक था और उन्होंने मुझे स्तन हटा देने की सलाह दी। लेकिन मैं और मेरा परिवार उनके ट्रीटमेंट प्लान से सहमत नहीं थे। अपने देश में हमने कई डॉक्टरों से सलाह ली और बाद में मुझे भारत में मैक्स पी.पी.जी. की डॉ. मीनू वालिया के लिए रेफर किया गया। मैं अपने शहर में एक महिला को जानती थी, जिनका इलाज डॉ मीनू वालिया ने किया था। वह अब अपना जीवन अच्छी तरह बिता रही थी। हमने मिलने का समय लिया और इलाज के लिए भारत आ गए। मैं पिछले 4 महीने से मैक्स पी.पी.जी में अपना इलाज करा रही हूँ और उससे संतुष्ट हूँ।

मुझे जब अपने स्तन कैंसर का पता चला, तब मुझे गहरा सदमा लगा और मैंने जीने की उम्मीद ही छोड़ दी थी, क्योंकि मेरे देश में इस बीमारी का कोई इलाज नहीं है। मेरे देश के लोग मानते हैं कि कैंसर से मौत हो जाती है। लेकिन मेरे जाननेवाले एक व्यक्ति इस स्थिति से गुजर चुके थे। इसलिए उन्होंने मेरा हौसला बढ़ाया और भारत में इलाज के लिए तैयारी करने में मेरी मदद की।

इलाज के दौरान मुझ पर शारीरिक और मानसिक असर पड़ा। कीमो के पहले चक्र में काफी तकलीफ हुई और मैं इस हद तक बिस्तर पर पड़ी कि एक कप कॉफी तक नहीं पी पाती थी। मेरे बाल गिर गए और मुझे खाने और पचाने में दिक्कत होती थी। अपने डॉक्टरों के सहयोग से मैं सारी मुश्किलों को झेल सकी।

मैं अपने परिवार, अपने पति और विशेष रूप से भाभी का शुक्रिया अदा करती हूँ, जिन्होंने इलाज के दौरान मेरा मनोबल ऊँचा रखा। मैं

ईश्वर से खूब प्रार्थना करती हूँ और अपने लंबे जीवन की कामना करती हूँ। मैं अपने आप को हमेशा बाइबिल पढ़ने में व्यस्त रखती थी। मेरी डॉक्टर और उनकी टीम ने मुझे कैंसर से जंग लड़ने और उसे जीतने की शक्ति दी।

इलाज के लिए भारत आने से पहले, मेरे देश के डॉक्टरों ने जो सलाह दी, उससे तो मैंने अपनी मौत को लगभग निश्चित ही मान लिया था। लेकिन मैं जब डॉ. मीनू वालिया से मिली, तब एक नया जीवन, और फिर से जीने का एक मौका मिला। उन्होंने काफी अच्छी तरह मेरा हौसला बढ़ाया और लंबा जीवन जीने की उम्मीद जगाई। मैं जब भी उनसे मिली, उन्होंने यही कहकर मुझे प्रेरित किया कि इसका इलाज हो सकता है और तुम बहुत जल्दी स्वस्थ हो जाओगी।

मैक्स पटपड़गंज में मेरा अनुभव शानदार रहा। यहाँ का स्टाफ बहुत हँसमुख और सहायक है। अपने मुसकराते चेहरे से उन्होंने हमेशा मुझे एक नई उम्मीद दी, जिससे मुझे लगा ही नहीं कि मैं हॉस्पिटल में हूँ।

मैंने सीखा कि हमें अपनी उम्मीदों को हमेशा बुलंद रखना है। कैंसर का मरीज किसी भी दूसरी बीमारी से पीड़ित मरीज जैसा ही होता है। मुझे यह बात समझ आई कि जीवन एक डोर से बँधा होता है और हमें हर पल खुशी से जीना चाहिए, लेकिन इन सबसे कहीं अधिक, चाहे कैसी भी समस्या क्यों न आए, सही जानकारी की तलाश कीजिए।

—मरीज बिबियन कोन

पैंतीसवीं योद्धा

कमलजीत सिंह परमार

अपनी बीमारी से पहले मैं एक कॉण्ट्रैक्टर था। साल 2013 में लंबे समय तक मैं टॉन्सिल से जूझता रहा। बाद में मुझे बुखार भी रहने लगा। मैंने अपने फैमिली डॉक्टर से सलाह ली। उन्होंने मुझे सी.बी.सी. टेस्ट कराने की सलाह दी। रिपोर्ट में उन्होंने पाया कि ल्यूकेमिया काउंट बहुत अधिक था। बाद में उन्होंने मुझे अपनी गाँठों की एफ.एन.ए.सी. और बायोप्सी कराने की सलाह दी, क्योंकि उन्हें कैंसर का शक था। जाँच से पता चला कि मुझे एन.एच.एल. कैंसर यानी नॉन–हॉजकिन लिंफोमा था। मुझे जब पता चला कि मैं कैंसर से पीड़ित हूँ तो मेरे डॉक्टर ने किसी कैंसर रोग विशेषज्ञ से परामर्श की सलाह दी। मैं धर्मशिला अस्पताल पहुँचा, जहाँ डॉ. मीनू वालिया से मिला। उनके मार्गदर्शन और इलाज से मुझे दूसरा जीवन मिला। मैं जब उनसे पहली बार मिला, तब मैं कैंसर को लेकर फैले भ्रम के चलते डरा हुआ था। मेरा मनोबल टूट चुका था। उन्होंने मुझे बताया और यह कहकर हौसला बढ़ाया कि कैंसर का इलाज हो सकता है। उनके बताए अनुसार मैंने छह महीने तक कीमोथैरेपी कराई जो बड़ी कष्टदायी और असहनीय थी। मैं ठीक से खा भी नहीं पाता था, क्योंकि मेरे कंठ में ही गाँठें थे। मैं अकसर लंबे समय तक तरल पदार्थ पर ही जीता रहा।

कीमोथैरेपी के साइड इफेक्ट के कारण कई बार मुझे इमरजेंसी में अस्पताल पहुँचाया गया। लेकिन मेरा परिवार और विशेष रूप से मेरी पत्नी ने हमेशा मेरा साथ दिया। पूरे इलाज के दौरान वह हमेशा मेरे साथ खड़ी रहीं; मेरी चिंता की और मेरा खयाल रखा। मेरी डॉक्टर ने भी हमेशा मुझे राह दिखाई और मदद की। उनके कारगर इलाज से मैं कैंसर की इस लड़ाई को जीत सका। अपने इलाज के दौरान ईश्वर पर मेरा विश्वास बढ़ गया और मैंने अपने निरोगी होने और स्वस्थ जीवन के लिए प्रार्थना करना शुरू कर दिया।

मैं अब आगे की देखरेख में हूँ और एक स्वस्थ जीवन जी रहा हूँ। यही नहीं, अपना रेस्टोरेंट भी चला रहा हूँ।

—कमलजीत सिंह परमार

छत्तीसवाँ योद्धा

के.पी.के. नंबीस्सान

मैं भारत सरकार के कार्मिक और प्रशिक्षण विभाग से उप सचिव के पद से रिटायर हो चुका हूँ। 37 वर्षों के सफल कॅरियर के बाद मैं मयूर विहार, फेज 1 में अपनी पत्नी के साथ रह रहा हूँ। वह दूरदर्शन में सेक्शन ऑफिसर थीं। मैं 2016 में होनेवाले उनके रिटायरमेंट का इंतजार कर रहा था, ताकि हम केरल में अपने शहर में जाकर बस जाएँ। मार्च, 2013 में जब मैं रिटायर हुआ था, तब मैं सुखद स्थिति में था। मेरे दोनों बेटे भी अच्छी स्थिति में थे। मेरा बड़ा बेटा आई.टी. इंजीनियर है और अमेरिका में अपने परिवार के साथ बस गया है। छोटा बेटा आई.आई. टी. अहमदाबाद से एम.बी.ए. कर चुका है और एक कंपनी में कंसल्टेंट है। साल 2015 के दौरान मेरे शहर कालीकट में हमारा नया मकान बन रहा था और उम्मीद थी कि 2017 में हम वहाँ जाकर बस जाएँगे। साल 2014 के दौरान नहाते समय मैंने अपनी दाहिनी एड़ी में एक सेंटीमीटर गोलेवाला काला मस्सा देखा। यह नौ महीने तक वहीं रहा, लेकिन कोई तकलीफ नहीं दी।

समय के साथ यह बढ़कर 2 सेंटीमीटर के व्यास का हो गया। इसके बाद त्वचा खुरदरी होने लगी, जिसमें 2,3 छेद भी हो गए। सुबह में टहलने जाते समय खून की कुछ बूँदें निकलने लगीं और वहाँ हल्का दर्द भी रहने लगा। मैंने अपने फैमिली डॉक्टर की सलाह ली, उन्होंने कहा कि यह कोन (शंकु) है और छोटी सी सर्जरी कराने की सलाह दी। इस बीच मैंने केरल में एक होम्योपैथी डॉक्टर की भी सलाह ली। उन्होंने मुझे तीन महीने तक दवा लेने की सलाह दी, जिससे मुझे थोड़ी-बहुत राहत मिली।

लेकिन बाद में मस्से से एक बार फिर खून आने लगा और तब मैंने मैक्स नोएडा में एक सर्जन से सर्जरी की सलाह ली। यहाँ पता चला कि समस्या संक्रमित मस्से की है और सितंबर 2015 में घावों की काट-छाँट कराई। बाद में मुझे ग्रोइन में सूजन दिखी और तब मेरे सर्जन ने मुझे

एफ.एन.एसी. की सलाह दी। यह टेस्ट अक्तूबर 2015 में किया गया। टेस्ट के नतीजे से मेटास्टैटिक ट्यूमर का पता चला, जिसमें मेटास्टैटिक मेलेनोमा की भी आशंका थी। मुझे कैंसर रोग विशेषज्ञ, डॉ. मीनू वालिया को रेफर किया गया। उन्होंने मुझे पी.ई.टी. सीटी स्कैन और बायोप्सी कराने की सलाह दी। इनसे यह पुष्टि हो गई कि यह मेटास्टैटिक मेलेनोमा है और पी.ई.टी. स्कैन में इंजिनल लिंफ नोड भी दिखा।

कीमोथैरेपी के बाद मुझे सर्जरी कराने की सलाह दी गई। कीमोथैरेपी के दौरान मैंने उसके साइड इफेक्ट का सामना किया, जैसे भूख में कमी, उल्टी, बालों का गिरना और प्रतिरक्षा में कमी। मैं परिवार और दोस्तों से पूरी तरह कट गया। भगवान् में मेरी आस्था ने मुझे इन मुश्किलों से उबारा। मैं महान् लोगों की लिखी आध्यात्मिक किताबें पढ़कर खुद को धैर्य बँधाता रहा। अनगिनत बार भगवान् का नाम लिया। यही उम्मीद थी कि भगवान् इस संकट से निकलने का मुझे रास्ता दिखाएँगे।

मेरे जीवन की रक्षा के लिए मेरी पत्नी और मेरे बच्चे किसी भी त्याग के लिए तैयार थे। उन्होंने हमेशा ही मुझे हिम्मत दी और इलाज के दौरान डॉक्टरों से अच्छा तालमेल बनाया।

—के.पी.के. नंबीस्सान

सैंतीसवीं योद्धा

फरीदा

फरीदा, उम्र 26 साल, नर्स (तजाकिस्तान)

मैं जब 26 वर्ष की थी, तब मैंने अपने स्तन में गाँठ महसूस की। जाँच के बाद पता चला कि मुझे स्तन कैंसर है। मैं एक साल की बेटी को स्तनपान करा रही थी। तब मैंने अपने दाहिने स्तन में पहली बार कुछ गाँठें महसूस कीं। पहले तो मुझे लगा कि यह दूध पिलाने के कारण है और घबराने की जरूरत नहीं। कुछ महीने बाद मुझे अपने दाहिने स्तन में तकलीफ होने लगी और मैंने यह बात अपने पति को बताई।

हमने डॉक्टरों और इलाज के विकल्पों पर रिसर्च शुरू कर दी। मैंने स्थानीय स्त्री रोग विशेषज्ञों से सलाह ली तो मुझे बायोप्सी कराने की सलाह मिली। बायोप्सी टेस्ट का नतीजा पॉजिटिव आया तो मैं सन्न रह गई। भय से काँप रही थी और काटो तो खून नहीं। मुझे स्टेज 4 का स्तन कैंसर था। मुझे अपने बच्चों और परिवार के भविष्य की चिंता सताने लगी।

निराशा से आशा की ओर

मेरे पति ही थे, जिन्होंने मुझे उम्मीद दी और स्वस्थ भी किया। मेरे इलाज को लेकर वे काफी सकारात्मक थे। वही इलाज के लिए आगे बढ़े। मुझे कुछ समझ नहीं आ रहा था कि क्या करूँ। मैं अपने बच्चे और परिवार को लेकर चिंतित थी। मैं जानती थी कि मेरी स्थिति जैसी होगी, वैसी ही मेरे पति और बच्चों की भी होगी। मैं इससे जैसे निपटूँगी, वैसे ही वे भी निपटेंगे। इसलिए मैंने हौसला बनाए रखने और आगे बढ़ने का फैसला किया।

इलाज से मुझे फायदा मिला

हमारे डॉक्टरों ने सलाह दी कि हमें भारत में इलाज कराना चाहिए। कुछ रेफरेंस के बाद हम दिल्ली के पटपड़गंज स्थित मैक्स सुपर स्पेशलिटी हॉस्पिटल पहुँचे। यहाँ मुझे पी.ई.टी. सीटी स्कैन और कुछ अन्य जरूरी टेस्ट कराने की सलाह दी गई। टेस्ट रिपोर्ट से मुझे जीने की एक नई

उम्मीद मिली, क्योंकि मुझे बताया गया कि यह स्टेज 2 का ब्रेस्ट कैंसर है, जिसका इलाज हो सकता है।

सही हाथों में

मेरे पति ने मेरा पूरा साथ दिया और इलाज के लिए तैयार किया। मैंने कैंसर रोग विशेषज्ञ डॉ. मीनू वालिया की देखरेख में अपना इलाज शुरू कराया। वे बड़ी दयालु और सहयोगी हैं। उन्होंने कैंसर से लड़ने के लिए मेरा उत्साह बढ़ाया और बताया कि कैसे दूसरे मरीज इससे जंग लड़ चुके हैं और इसे हराया है। उन्होंने 4 चक्र कीमोथैरेपी, सर्जरी और रेडिएशन की योजना तैयार की। मैंने अपने सारे इलाज की देखरेख की। मैं सच में ईश्वर को धन्यवाद देती हूँ कि मैं सही समय पर, सही जगह सही हाथों में थी और मुझे एक शानदार डॉक्टर मिलीं—डॉ. मीनू वालिया। उन्होंने न केवल मुझे शक्ति दी, बल्कि अपने मार्गदर्शन से मेरा साथ दिया और वह सफेद पन्ना दिया, जिस पर मैं अपने जीवन की सुंदर सी कहानी को फिर से लिख सकूँ।

सफर जारी है

अपने इलाज के दौरान मुझे जब पता चला कि कीमोथैरेपी के साइड इफेक्ट से मेरे बाल गिर जाएँगे और सर्जरी में मेरा स्तन हटा दिया जाएगा तो मैं तनाव में आ गई। मैं हीन भावना से घिर गई। यही सोच रही थी कि बिना बालों और एक स्तन के बिना स्त्री कैसी होगी। लेकिन मेरी डॉक्टर ने मुझे बताया कि कीमोथैरेपी के बाद बालों का गिरना रुक जाएगा और स्तन का जरूरी हिस्सा ही हटाया जाएगा। मेरे परिवार और मेरे पति ने विशेष रूप से मेरी पूरी मदद की। वे हमेशा ईश्वर से मेरे लिए प्रार्थना करते हैं और एक बात मानते हैं कि अगर अल्लाह ने हमारे नसीब में यह मुसीबत लिखी है, तो बेशक वह हमें इससे छुटकारा भी दिलाएँगे।

कीमोथैरेपी के दौरान मैं जब हताश हो जाती थी, तब मेरे पति मुझे उन सुनहरी यादों में ले जाते थे, जब हम साथ रहते थे। हमने अपने भविष्य की भी अच्छी कल्पना की। यह सोचा कि हमारे बच्चे बड़े होंगे, स्कूल/कॉलेज जाएँगे और फिर उनकी शादी होगी वगैरह-वगैरह। उनका साथ मुझे हमेशा ताकत देता था और इलाज को लेकर हौसला बढ़ाता रहता था। अब मैं आगे की देखरेख में हूँ, और मैं अपने जीवन में एक बार फिर वैसी ही हूँ जैसी पहले थी।

कैंसर की सुंदरता

कैंसर के इलाज ने मेरे सक्रिय जीवन को तो नहीं बदला, लेकिन इसने मेरा रूप जरूर बदल दिया। मेरे बाल नहीं रहे और मेरा वजन कम हो गया। पहले तो इन साइड इफेक्ट्स को झेलना मुश्किल था, लेकिन जल्दी ही मैंने उन्हें स्वीकार करना सीख लिया। अपने अंदर की सुंदरता को गले लगाया, जिसे इलाज भी मुझ से छीन नहीं सकता।

कैंसर से लड़ने के दौरान मैंने यह सबक सीखा कि हमें अपने जीवन के हर मिनट का मोल समझना चाहिए। हमें उन लोगों की प्रशंसा करनी चाहिए, जो हम से प्यार करते हैं और हमारा साथ देते हैं, क्योंकि हमें क्या पता कि जीवन किस मुसीबत में घिर जाए।

□

हमने क्या देखा और क्या सीखा!

हमने अशांत समुद्र में तैरने के बाद जमीन पर आने के महत्त्व को समझा है। जीवन की घड़ियाँ गिनते समय हमें बीतते हुए प्रत्येक पल के महत्त्व का अहसास हुआ। हमारे लिए परिजनों व मित्रों पर विश्वास तथा प्रेम का महत्त्व और अधिक बढ़ गया। प्रत्येक अभिवादन व प्रत्येक विदाई विशिष्ट हो गई। क्या इस नवीन जीवन का आनंद नहीं लेना चाहिए?

आपको अपने जीवन से 101 शिकायतें हो सकती हैं, लेकिन ऐसे 1,000 लोग होंगे, जो आपके जैसा जीवन बिताने का सपना देखते होंगे।

खेतों में रहनेवाला एक बच्चा विमान को देखकर उड़ने की इच्छा रखता है; वहीं उस विमान का पायलट उन्हीं खेतों को देखकर घर लौटने का सपना बुनने लगता है!

यही जीवन है, जहाँ अनगिनत दृष्टिकोण हैं तो असंख्य संभावनाएँ भी हैं। मैंने जीवन के बारे में बस यही सीखा है कि यह चलता रहता है।…

मैं अपने पाठकों को इस संदेश के साथ अपनी बात समाप्त करती हूँ कि कैंसर के बाद भी…बहुत कुछ है जीवन में।

मैं कर सकता हूँ…

…मैं करूँगा

□

जो मन न जाने, आँख न देखे...

आपके लिए कुछ ज्ञानवर्धक संदर्भ!

ए कैंसर बैटल प्लान, एनी ई. फ्राह्म एवं डेविड जे. फ्राह्म, प्रकाशक जेरेमी पी. टार्चर/पुतनम (सदस्य पेंगुइन पुतनम इन्कॉ., न्यूयार्क, यू.एस.ए.)

बीटिंग कैंसर विद न्यूट्रिशन, पैट्रिक क्विलिन एवं नॉरीन क्विलिन, प्रकाशक न्यूट्रिशिन टाइम्स प्रेस इंन्कॉ., टुल्सा, ओक्लाहोमा, यू.एस.ए.

बाउंडलेस एनर्जी : द कंपलीट माइंड-बॉडी प्रोग्राम ओवरकमिंग फटीग, दीपक चोपड़ा, प्रकाशक आर आई: ई आर, ईब्यूरी प्रेस, रैंडम हाउस, लंदन, यू.के. का मुद्रण।

बुद्धा इन डेली लाइफ, रिचर्ड कॉस्टन, प्रकाशक राइडर, ईब्यूरी प्रेस, रैंडम हाउस, लंदन, यू.के. का मुद्रण।

कैंसर मेड मी, कस्तूरी श्रीनिवासन, प्रकाशक भारतीय विद्या भवन, बंबई, भारत

कैंसर टॉक, सेल्मा आर. शिमल एवं बैरी फॉक्स., प्रकाशक ब्रॉडवे बुक्स, रैंडम हाउस इन्कॉ., न्यूयॉर्क, यू.एस.ए.

सेलिब्रेशन ऑफ द सेल्स : लैटर्स फ्रॉम अ कैंसर सरवाइवर, आर.एम. लाला, प्रकाशक वाइकिंग द्वारा पेंगुइन बुक्स इंडिया (प्रा.) लि., नई दिल्ली, भारत

कीमोथैरेपी एंड यू : ए गाइड टूसीइट-ही ट्रीटमेंट, नेशनल कैंसर इंस्टीट्यूट, यू.एस.ए. द्वारा निर्मित

करेज एंड कॉण्टेंटमेंट, गुरुमयी, प्रकाशक एस.वाई.डी.ए. फाउंडेशन, न्यूयार्क, यू.एस.ए.

क्रिएटिंग हेल्थ, दीपक चोपड़ा, प्रकाशक थॉमसन, हार्पर कॉलिंस पब्लिशर्स, लंदन, यू.के. का मुद्रण

कल्टिवेटिंग अ डेलीमेडिटेशन, तेनजिन ग्यात्सो, प्रकाशक लाइब्रेरी ऑफ तिब्बतन वर्क्स एंड आर्काइव्स, धर्मशाला, भारत

डिफीट दड्रेगन : क्योर ऑफ ड्रिडिड डिसीजिसविद एक्यूप्रेशर, देवेंद्र वोरा, प्रकाशक नवनीत पब्लिकेशन्स (इंडिया) लिमिटेड, मुंबई, भारत

ईटिंग हिंट्स, नेशनल कैंसर इंस्टीट्यूट, मैरीलैंड, यू.एस.ए.

फूड्स दैट हील : द नेचुरल वे टू गुड हेल्थ, एच.के. बाखरू, प्रकाशक ओरिएंट पेपरबैक्स, विजन बुक्स प्रा. लि. दिल्ली, भारत का प्रभाग।

गेटिंग वेल अगेन, ओ कार्ल सिमोन्टोन, स्टेफनी मैथ्यूज-सिमोन्टोन एवं जेम्स एल. क्रेगटन, प्रकाशक बेंटेम बुक्स

बेंटेम डबलडे, डेल पब्लिशिंग ग्रुप इन्कॉ., न्यूयार्क, यू.एस.ए. का प्रभाग।

हील योर बॉडी, लुईस एल. हे, प्रकाशक फुल सर्कल पब्लिशिंग, नई दिल्ली, भारत

हीलिंग इमोशन्स : कन्वर्सेशन्स विद द दलाई लामा ऑन माइंडफुलनेस, इमोशंस एंड हेल्थ। संपादक डेनियल गोलमैन, प्रकाशक शांभला पब्लिकेशन्स इन्कॉ., बोस्टन, यू.एस.ए.

हेल्थ थ्रू बैलेंस : एन इंट्रोडक्शन टू तिब्बतन मेडिसिन, डॉ. येशिडोनडेन, संपादक व अनुवादकर्ता जैफ्री हॉपकिन्स, प्रकाशक मोतीलाल बनारसीदास पब्लिशर्स प्राइवेट लिमिटेड, दिल्ली

अवर डेली ब्रेड, डॉ. विलियम स्कॉट लिटरेचर, आर.बी.सी. मंत्रालय, चेन्नई, भारत के लिए

प्रिंसिपल्स ऑफ आयुर्वेद, ऐनी ग्रीन, प्रकाशक टी, हार्पर कॉलिंस पब्लिशर्स, लंदन, यू.के. का मुद्रण

क्वांटम हीलिंग : एक्सप्लोरिंग द फ्रंटियर्स ऑफ माइंड/बॉडी मेडिसिन, दीपक चोपड़ा, प्रकाशक बेंटेम बुक्स, न्यूयॉर्क, यू.एस.ए., बेंटेम डबलडे, डेल पब्लिशिंग ग्रुप इन्कॉ., यू.एस.ए. का प्रभाग।

सिक्स मंथ्स टू लिव : लर्निंग फ्रॉम अ एंग मैन विद कैंसर, डेनियल हैलॉक, प्रकाशक द प्लग पब्लिशिंग हाउस, द ब्रूडरहॉफ फाउंडेशन, ससेक्स, यू.के.।

टेकिंग टाइम, ऑफिस ऑफ कैंसर काम्यूनिकेशंस, नेशनल कैंसर इंस्टीट्यूट, मैरीलैंड, यू.एस.ए.

द बिग्नर्स गाइड टू जेनबुद्धिज्म, जीन स्मिथ, प्रकाशक बेल टॉवर, क्राउन पब्लिशिंग ग्रुप, सदस्य रैंडम हाउस इन्कॉ, न्यूयॉर्क, यू.एस.ए.

द हीलिंग फैमिली : द सिमोन्टोन अप्रोच फॉर फैमिलीज फेसिंग इलनेस,

स्टेफनी मैथ्यूज-सिमोन्टोन, प्रकाशक बेंटेम बुक्स, ट्रांसवर्ल्ड पब्लिशर्स लिमिटेड, लंदन, यू.के. का प्रभाग।

द जॉय ऑफ लविंग : अ गाइड टू डेली लिविंग विद मदर टेरेसा, संकलनकर्ता जया चलिहा एवं एडवर्ड ले जोली., प्रकाशक वाइकिंग में द्वारा पेंगुइन बुक्स इंडिया (प्रा.) लि., नई दिल्ली, भारत

द जॉय ऑफ रेकी, नलिन निरूला एवं रेनू निरूला, प्रकाशक फुल सर्किल पब्लिशिंग हाउस, नई दिल्ली, भारत

द पाथ ट्रैंक्वालिटी : डेली मेडिटेशन्स, संपादक रेणुका सिंह. प्रकाशक वाइकिंग में द्वारा पेंगुइन बुक्स इंडिया (प्रा.) लि., नई दिल्ली, भारत

द तिब्बतन बुक ऑफ लिविंग एंड डाइंग, सोग्याल रिनपोछे, प्रकाशक राइडर, द रैंडम हाउस ग्रुप लिमिटेड, लंदन, यू.के. का मुद्रण।

अंडरस्टैंडिंग कैंसर ऑफ द लंग, क्वींसलैंड कैंसर फंड, ऑस्ट्रेलिया द्वारा प्रकाशित।

अंडरस्टैंडिंग इमोशंस : नेशनल कैंसर इंस्टीट्यूट, मैरीलैंड, यू.एस.ए. द्वारा प्रकाशित।

अंडरस्टैंडिंग न्यूट्रिशन, क्वींसलैंड कैंसर फंड, ऑस्ट्रेलिया द्वारा प्रकाशित।

यू कैन हील योर लाइफ, लुईस एल. हे, प्रकाशक फुल सर्कल पब्लिशिंग, नई दिल्ली, भारत।

महत्त्वपूर्ण वेबसाइट्स

www. acor. org

www. cancer. org

www. cancercareinc. org

www. cancerguide.org

www. cancerhopenetwork.org

www.mskcc.org

www. nccn.org

www. ncinih.gov

www. oncolink.upenn.edu

www.breastcancer.about.com

www.naboo.org
www.ntlbcc.org

ब्रेन कैंसर

www.abta.org

सर्वाइकल कैंसर

www.cervicalheaths.org
www.vulvarpainfoundaton.org

ल्यूकेमिया

www.leukemia.org

फेफड़ों का कैंसर

www.alcase.org
www.lungusa.org

प्रोस्टेट कैंसर

www.afud. org
www.capcure.org

□

जानिए लेखिका को…
Luminaries of Healthcare में छपी उनकी कहानी…

देखभाल और दक्षता से कैंसर पर विजय

डॉ. वालिया का जीवन मुश्किलों से भरा रहा है। उनके ही शब्दों में—"एक युवा मेडिकल पोस्टग्रैजुएट के रूप में मैं बस 9 से 5 की सरकारी नौकरी कर अपना समय अपने परिवार को देना चाहती थी। लेकिन किस्मत को कुछ और ही मंजूर था। नवब्याहता बहू को एक ऐसा परिवार मिला, जो कैंसर के टर्मिनल स्टेज से जूझ रहा था।" वे उनकी हताशा को एक ऐसे सपने के रूप में बताती हैं, जिसमें वे अपनी मुट्ठी से रेस को दबाए रखना चाहते हैं और फिर उसे बेबस होकर फिसलते देखते हैं। उस समय बॉम्बे के बार-बार किए जानेवाले दौरे से दिल्ली में कैंसर के इलाज में एक बड़ा फासला देखने को मिला। इस महानगर में इस बीमारी से लड़नेवाले विशेषज्ञ अस्पतालों के साथ ही डॉक्टरों की भी कमी थी।

उनकी पिछली पीढ़ी की बात करें, तो उनकी माँ भी इसी बीमारी से जूझ रही थीं। इसलिए एक सरकारी नौकरी कर बस जाने के सपने की जगह जल्द ही एक संकल्प ने ले लिया, ताकि वह कैंसर के इलाज को एक नए मकाम पर पहुँचा सके और स्वास्थ्य सेवा देनेवालों तथा मरीजों को इस अग्नि-परीक्षा से गुजरने में मदद कर सके। उन्होंने ऑन्कोलॉजी में अपने कॅरियर को आगे बढ़ाने का निर्णय लिया और भारत की पहली डी.एन.बी. मेडिकल ऑन्कोलॉजिस्ट बनीं।

उपलब्धियाँ

डॉ. वालिया ने अपने निजी अनुभव को अपने समर्पण की तरफ मोड़ा और उसका सर्वोत्तम लाभ अपने प्रत्येक मरीज तक पहुँचाया। यह उन्हें कैंसर के 'कैसे' और 'क्यों' के इस विज्ञान के अध्ययन की गहरी प्रेरणा देता है तथा उन्हें कैंसर शोध में पूरी तरह से लगाए रखता है। चिकित्सा के क्षेत्र में लगभग दो दशक से अधिक हो चुके हैं, जब कैंसर के मरीजों को अच्छी गुणवत्ता वाली स्वास्थ्य सेवा हर दिन बेहतर होती जा रही है।

डॉ. वालिया कहती हैं, "कैंसर के खिलाफ लड़ाई में जीत तभी मिल सकती है, जब उसका पता पहले लगा लिया जाए।" वह लोगों, विशेष रूप से महिलाओं के बीच कैंसर के प्रति जागरूकता के महत्त्व पर जोर देती हैं। उन्हें लगता है कि हमारे समाज की महिलाएँ पूरे परिवार की देखभाल में इतनी व्यस्त हैं कि वे अपने स्वास्थ्य का खयाल नहीं रखतीं। डॉ. वालिया कहती हैं, "एक सरल पैप स्मीयर टेस्ट से गरदन के कैंसर का पता शुरुआती चरण में लगाया जा सकता है और उसके इलाज की शत-प्रतिशत सफलता दर सुनिश्चित की जा सकती है।"

व्यक्ति विशेष के अनुसार दवा तथा आनुवंशिक जाँच जैसी तकनीकी तरक्की कैंसर का पता लगाने और उससे निपटने के तरीके को बदल रहे हैं और डॉ. वालिया इस इलाज में आगे रहने के लिए नई-नई जानकारियों से वाकिफ रहती हैं।

डॉ. वालिया कहती हैं कि पारंपरिक कीमोथैरेपी स्वस्थ और कैंसरकारी, दोनों कोशिकाओं को समाप्त कर देती हैं। इसका स्थान अब व्यक्तिगत चिकित्सा ले रही है। आनुवंशिक जाँच और आणविक रूपरेखा से असामान्य जीन उत्परिवर्तन का पता लगाना संभव हो गया है। अब दवाइयों का उपयोग अधिक-से-अधिक कैंसर कोशिकाओं पर करने तथा सामान्य कोशिकाओं को छोड़ देने के लिए किया जा सकता है। यह बहुत अधिक कारगर और काफी कम हानिकारक है, जिससे कैंसर की चिकित्सा में एक क्रांति आ गई है।

अपनी आधिकारिक व्यस्तता के अलावा वे कैंसर के मरीजों के प्रति काफी संवेदनशील रहती हैं। कैंसर जागरूकता अभियानों में सक्रिय भागीदारी निभाती हैं तथा जाँच के लिए अनेक शिविरों में जाती हैं। वे इलाज से जूझने तथा मरीजों के पुनर्वास में सहायता करनेवाले सहायता समूहों और एनजीओ के साथ भी वे जुड़ी हैं।

नैदानिक अनुसंधान उनकी अभिरुचि के क्षेत्रों में शामिल है और वे अनेक रैंडम, बहुकेंद्रिक, अंतरराष्ट्रीय नैदानिक अनुसंधान अध्ययनों की मुख्य परीक्षणकर्ता रही हैं। उन्हें ठोस तथा हेमटोलिंफाइड ट्यूमर के इलाज में लंबा अनुभव प्राप्त है और स्तन, स्त्री रोग संबंधी तथा जठरांत्र के कैंसर में विशेष अभिरुचि है।

पुरस्कार और मान्यता

- भारत की पहली डी.एन.बी. मेडिकल ऑन्कोलॉजिस्ट।
- विभिन्न पुस्तकों में ऑन्कोलॉजी के अध्यायों की लेखिका।
- विभिन्न राष्ट्रीय-अंतरराष्ट्रीय पत्रिकाओं में प्रकाशित लेख।
- विश्व स्तर पर नैदानिक कैंसर अनुसंधान में सक्रियता।
- धर्मशीला कैंसर हॉस्पिटल एंड रिसर्च सेंटर, दिल्ली की मेडिकल ऑन्कोलॉजिस्ट '2005' के रूप में विशेष उत्कृष्टता पुरस्कार।
- भारत के चिकित्सक संघ की ओर से 2015 में दिल्ली स्टेट चैप्टर के 26वें वार्षिक सम्मेलन में प्रो. के.एल. विग ओरेशन से पुरस्कृत।
- भारतीय मेडिकल संघ (पूर्वी दिल्ली शाखा) की ओर से वार्षिक कार्यक्रम 2014 में चिकित्सा सेवा में उत्कृष्टता का पुरस्कार।
- 'टिप्स फॉर हैपिनेस इन द शैडो ऑफ कैंसर' की लेखिका।

प्रमाणन

- विभिन्न राष्ट्रीय-अंतरराष्ट्रीय चिकित्सक संघों की सदस्य।

खास बातें

ऐसी बात, जिसे कठिनाई से सीखा

ऐसा समय आया, जब सब उनके खिलाफ थे, और फिर भी उन्होंने कर दिखाया, तो हर महिला कर सकती है।

खुशी की उनकी परिभाषा

वह पल जब कैंसर का मरीज काम पर लौटता है और वापस आकर कहता है, 'मैं समाज के लिए कुछ करना चाहता हूँ।' वह पल खुशियों भरा

होता है, जब किसी कैंसर मरीज का परिवार आता है और कहता है, "आपने कर दिखाया।"

सफलता का मंत्र

लगन, कठिन परिश्रम, समर्पण और ईमानदारी महत्त्वपूर्ण गुण हैं।

जीवन का मंत्र

जीवन की छोटी-छोटी खुशियों का आनंद। किसी के लिए यह उसकी दुनिया भी हो सकती है।

जीवन का दर्शन

आप जो भी करें, पूरे दिल से करें और विश्वास के साथ करें। बाकी भगवान् पर छोड़ दें।

उक्ति जो आपको प्रेरित करती है

आप तब तक नहीं जानते कि आप कितने मजबूत हैं, जब तक कि आपके पास मजबूत रहने के सिवाय कोई विकल्प नहीं रह जाता है।

□

प्रशंसा के शब्द

अभिलाषा तिवारी

48 वर्ष/स्त्री

सीए स्तन

मैं अभिलाषा तिवारी, एक गृहिणी और हमेशा खुश रहनेवाली तथा भगवान् को माननेवाली काफी धार्मिक प्रवृत्ति की महिला हूँ। 12 दिसंबर को अचानक मेरे दाहिने स्तन में खुजली सी होने लगी। पहले तो मैंने यह सोचकर इसे नजरअंदाज किया कि यह सामान्य खुजली है, लेकिन कुछ दिनों बाद यह मेरी परेशानी का कारण बन गई। इसलिए मैंने अपनी स्त्री रोग विशेषज्ञ से मिलने का फैसला किया। उन्होंने मेरी जाँच की और कुछ सवालों के बाद मुझे एफ.एन.ए.सी. तथा मैमोग्राफी कराने की सलाह दी। जाँच के नतीजे आए तो पता चला कि मुझे स्तन का कैंसर है। मुझे जब यह एहसास हुआ कि मैं कैंसर की शिकार हुई हूँ तो मुझे थोड़ा झटका लगा, लेकिन बाद में मैं सँभली और कैंसर को लेकर अपना इरादा मजबूत किया, क्योंकि मैं कैंसर के बारे में जानती थी। मैंने अपने पड़ोस में ही किसी को इससे पीड़ित देखा था। मैंने यह भी माना कि यह भगवान् का फैसला है। अगर उसने मेरे जीवन में यह लिखा है तो इस मुश्किल से उबारने की भी कृपा करेगा। उस समय बस मुझे अपनी बेटी की चिंता सता रही थी। वह भी इस कारण, क्योंकि तब वह अपनी आगे की पढ़ाई के लिए कुछ दिन पहले ही पुणे गई थी। अगर उसे मेरी बीमारी का पता चला, तो वह अपनी पढ़ाई

छोड़कर मेरे पास चली आएगी। इसलिए हमने तय किया कि उसे बीमारी और उसके इलाज की योजना के बारे में कुछ नहीं बताएँगे।

सबसे पहले मैंने अपनी पड़ोस में रहनेवाली रश्मी से अपनी जाँच रिपोर्ट पर बात की, क्योंकि वह भी स्तन के कैंसर से लड़कर स्वस्थ हो चुकी थी। मेरी बातों को सुनकर उसकी प्रतिक्रिया काफी स्वाभाविक थी। उसने ही मुझे बताया कि मुझे धर्मशिला हॉस्पिटल में डॉ. मीनू वालिया से मिलना चाहिए। दरअसल, वह उनसे अपना इलाज करा चुकी थी। बाद में कैंसर के साथ सफर में वह मेरी मार्गदर्शक बन गई। उसने मुझे कैंसर से जुड़ी हर बात बताई और समय-समय पर सहायता की।

हम इलाज के लिए धर्मशिला अस्पताल पहुँचे, लेकिन हमें बताया गया कि डॉ. मीनू वालिया अब मैक्स हॉस्पिटल में बैठने लगी हैं। मैक्स हॉस्पिटल में डॉ. मीनू वालिया से पहली मुलाकात में ही मुझे पता चल गया कि मैं सही डॉक्टर के पास आई हूँ। मेरा इरादा और उनका दृष्टिकोण ऐसा था, जिसने मेरे जीवन को बदल दिया। वह मेरा इलाज करने लगीं और हमेशा यही कहती थीं कि मैं कैंसर से लड़ सकती हूँ।

मुझे अपने इलाज के दौरान किसी प्रकार की दिक्कत नहीं हुई, क्योंकि हम दोनों ही कीमोथैरेपी के लिए तैयार होकर आते थे। अस्पताल में कीमो की साइकिल के दौरान समय काटने के लिए हम किताबें और मूवी लेकर आते थे। मैंने कभी सोचा ही नहीं कि मैं कैंसर की मरीज हूँ। मैं बस अपनी बेटी के बारे में सोचकर परेशान हो जाती थी, क्योंकि हमने अब तक उसे नहीं बताया था कि मैं कैंसर का इलाज करा रही हूँ। वह हमेशा की तरह ही मुझे फोन किया करती थी और मेरा हाल-चाल पूछती थी। जवाब देते समय मैं हमेशा अपनी भावनाओं को काबू रखने की कोशिश करती थी। कई बार कहानियाँ गढ़ लिया करती थी कि उससे बात नहीं कर सकी, क्योंकि हम कहीं बाहर चले गए थे। अकसर ऐसी स्थिति में मेरे लिए कैंसर से लड़ना आसान और बेटी को समझाना मुश्किल हो जाता था।

मैं हमेशा उन लोगों की सराहना करूँगी, जिन्होंने मेरे लिए प्रार्थना की। अपनी पड़ोसी रश्मी को विशेष रूप से धन्यवाद दूँगी, जिसने हमेशा ही मुश्किल में मेरी मदद की। वैसे वह खुद भी इस मुसीबत से लड़ चुकी थी।

मेरे परिवार और रिश्तेदारों का भी शुक्रिया, जो हमेशा अपने हँसमुख व्यवहार से मेरा साथ देते रहे। और पूरे मन से डॉ. मीनू वालिया को धन्यवाद दूँगी, जिन्होंने सबकुछ संभव बनाया। अपने मार्गदर्शन और सहयोग से उन्होंने मेरे जीवन से कैंसर का नामोनिशान मिटा दिया। अब मैं उनके निर्देशन में आगे की देखरेख में हूँ। एक अच्छी पत्नी और माँ की भूमिका निभा रही हूँ। मैं दूसरों से यही कहूँगी कि हमेशा भगवान् पर विश्वास कीजिए और जीवन की हर मुश्किल में सकारात्मक रहिए।

□

मरीज का नाम नीता रानी

आयु ६४ वर्ष/स्त्री

मेरी जाँच मई 2015 में की गई थी। मुझे पीठ में भयंकर दर्द रहा करता था और मैं चल भी नहीं पाती थी। मैं एक नजदीकी अस्पताल में गई, लेकिन कोई आराम नहीं मिला। बाद में मैंने एक न्यूरो सर्जन से सलाह ली, जिसने पी.ई.टी. सी.टी. कराने की सलाह दी। बाद में मुझे बताया गया कि मैं मल्टीपल मायलोमा से पीड़ित हूँ। उस समय मुझे बहुत गहरा झटका लगा था। मैं हमेशा से अपने जीवन में कठिन परिश्रम करती रही हूँ और अचानक कुछ ऐसा हुआ कि मैं काम करना तो दूर, खड़े रहने के काबिल भी नहीं रह गई। मैंने पूरी तरह बिस्तर पकड़ लिया और बुनियादी जरूरतों के लिए भी अपने परिवार पर आश्रित हो गई। उस समय भगवान् से मैं बस यही मनाती थी कि मुझे मौत आ जाए। मैं अपना बाकी का जीवन बिस्तर पर परिवार पर बोझ बनकर नहीं गुजारना चाहती थी। मेरे इलाज के लिए किसी ने मुझे मैक्स हॉस्पिटल और डॉ. मीनू वालिया के बारे में बताया। मैं जब डॉ. मीनू वालिया से मिली तो मेरा जीवन बदल गया। मेरा इलाज शुरू किया गया। मैं भगवान् से यही प्रार्थना करती थी, या तो मुझे ठीक कर दो या मौत दे दो। मेरी किस्मत अच्छी थी कि मैं डा. मीनू वालिया से मिली।

डॉ. मीनू वालिया और उनकी पूरी टीम बहुत मददगार थी। यहाँ तक कि मेरे परिवार ने भी मुझे बहुत सहारा दिया और हमेशा मेरे साथ खड़ा रहा। अपनी डॉक्टर और उनकी टीम के सहयोग से मैंने कीमोथैरेपी कराई। अब मैं

बहुत खुश हूँ और अपना काम खुद कर रही हूँ। मेरी डॉक्टर ने मेरा इलाज किया, जिसके चलते मैं फिर से आत्मनिर्भर हो सकी हूँ।

नीता रानी

गृहिणी

17/10/16

□

नरेंदर कौर

आयु 58 वर्ष,

जाँच की तारीख–मई 2011

मई 2011 में जाँच के बाद पता चला कि मेरी गरदन की हड्डी में कैंसर है। मुझे जब इस बीमारी का पता चला तो मेरा दिल टूट गया, क्योंकि कैंसर का नाम सुनते ही कोई भी डर जाता है। फिर मैं डॉ. मीनू वालिया से मिली, जिन्होंने मेरा इलाज शुरू किया। वह बहुत सकारात्मक और प्रेरणादायी डॉक्टर हैं। मैं जिस दुःख-दर्द से गुजर रही थी, उसे उन्होंने कम किया। अपने इलाज के दौरान मैंने कुछ रेडियो थेरैपी कराई। मेरे स्वस्थ होने और इस बीमारी से उबरने में मेरे परिवार और डॉ. मीनू वालिया की अहम भूमिका थी।

अब 4 वर्ष बीत चुके हैं और मैं पूरी तरह से ठीक हूँ। समय-समय पर मैं सलाह के मुताबिक नियमित जाँच करवाती हूँ। मैं अब अपनी कहानी से उन सारे लोगों का हौसला बढ़ाना चाहती हूँ, जो कैंसर से पीड़ित हैं।

बस एक बात याद रखिए कि कैंसर आपकी खुशी या आपके जीवन को वश में नहीं कर सकता है। आपके भीतर इस बीमारी से लड़ने की इच्छाशक्ति होनी चाहिए। आपको हार नहीं मानना चाहिए और जीवन में सकारात्मक रहना चाहिए, क्योंकि दुनिया यहीं खत्म नहीं हो जाती।

डॉ. मीनू वालिया ने मेरा इलाज बहुत अच्छी तरह से किया है। मेरी डॉक्टर का कहना है कि उम्मीद वह पुल है, जो कैंसर और स्वस्थ होने के बीच की कड़ी है।

अब मैं एकदम स्वस्थ, सुखी और सामान्य जीवन जी रही हूँ।

ईश्वर इस बीमारी से पीड़ित सभी मरीजों पर कृपा करें और इससे उबरने में उनकी सहायता करें।

मेरी शुभकामनाएँ

नरेंदर कौर

□

तनिशा गौरव

गृहिणी

भारत

मेरा नाम तनिशा गौरव है और मैं सी.एम.एल. की एक मरीज हूँ। साल 2013 में मैं अपनी दूसरी डिलीवरी के लिए अस्पताल में भरती की गई थी। चार दिनों बाद मुझे बहुत गंभीर जुकाम हुआ और डॉक्टर ने मुझे खून की पूरी जाँच कराने की सलाह दी। जाँच में पता चला कि टी.एल.सी. बहुत बढ़ी हुई थी और डॉक्टर को ब्लड कैंसर का अंदेशा था। मैं इसे मानने को तैयार नहीं थी, क्योंकि साधारण जुकाम से कैंसर का क्या लेना-देना हो सकता है। मैंने दूसरे लैब से अपनी जाँच फिर से कराई और परिणाम एक बार फिर वैसा ही था। जाँच से जब इस बात की पुष्टि हो गई कि मैं सी.एम.एल. से पीड़ित हूँ, तब मेरा हौसला बुरी तरह पस्त हो गया। मुझे अपने नवजात बच्चे की चिंता सता रही थी, जो उस वक्त सिर्फ 9 दिन का ही था। उसका दुर्भाग्य था कि मैं उसे दूध तक नहीं पिला सकी। मैं दिन भर रोती रहती थी, क्योंकि मुझे लगा कि मैं जीवन से हाथ धो चुकी हूँ और मेरे पास जीने के लिए कुछ ही दिन रह गए हैं।

मेरा इलाज करनेवाली डॉक्टर ने मुझे डॉ. मीनू वालिया से परामर्श लेने की सलाह दी थी। पहली ही बार में उन्होंने अपने मार्गदर्शन और सार्थक परामर्श से मुझे जीने की एक नई उम्मीद दे दी। उन्होंने मुझे विश्वास दिलाया कि सी.एम.एल. एक ऐसा कैंसर है, जिसका इलाज संभव है और घबराने की कोई बात नहीं है। उन्होंने मुझे कुछ दवाइयाँ लेने और जरूरी जाँच कराने के साथ ही उचित देखभाल की सलाह दी।

मेरे लिए वह दूसरे भगवान् की तरह थीं और पूरे विश्वास के साथ मैंने अपना इलाज कराना शुरू किया। वह मेरे हर सवाल का जवाब देती थीं और मुझे ढाड़स बँधाती रहती थीं। मैं खुशकिस्मत थी कि कैंसर से लड़ाई के दौरान डॉ. वालिया मेरे साथ थीं, जिन्होंने जीवन के हर पहलू में मेरी सहायता की। मेरे परिवार और खास तौर पर मेरे पति ने ब्लड कैंसर से लड़ने में मेरी मदद की। अब मैं दवाइयाँ ले रही हूँ और नियमित जाँच कराती रहती हूँ। अपने बच्चों और परिवार के साथ अच्छा समय बिता रही हूँ।

□□□

Printed in the USA
CPSIA information can be obtained
at www.ICGtesting.com
LVHW090506171023
761310LV00004B/600

9 789389 982299